JN248912

図解でわかる

RPA
Robotic
Process
Automation

いちばん最初に読む本

城西コンサルタントグループ

神谷俊彦 編著／**堀川一・湯山恭史・木佐谷康** 著

アニモ出版

はじめに

　もし、皆さんが仕事を終えて帰宅する前に、明日の企業訪問のための資料（訪問先の企業情報、訪問に必要な自社データ、プレゼン資料）の準備をコンピュータに口頭で依頼しておいて、次の日に出勤してきたら、その資料ができ上がっていたとすれば、どんなに業務は楽になるでしょう。

　夜の間に「ロボット」がせっせと関連資料を集めて、あなたの欲しい形にまとめておいてくれるのです。

　夢のような光景ですが、その実現をめざすツールが現在、大ブームになっています。そのツールは「ＲＰＡ」（「Robotic Process Automation」の略語）と呼ばれるものです。

　このツールに関心をもったからこそ、本書を手に取り、あるいは購入されたのだと思います。

　ＲＰＡとは、事務的な業務において、これまでは人間だけが対応可能と思われていた作業、もしくはもっと高度な事務作業を人間に代わって実施できる「業務代行ツール」です。

　しかし、それがいったい何者で、なぜそんなことができるのか、自分たちにも利用できるのか、などなど多くの素朴な疑問を抱かれていると思います。

　本書は、そのような素朴な疑問に答え、いま起こっているブームの本質を、できる限り簡単に埋解できるように、図解などで工夫して解説しています。

　特に、どんな技術が使われているのか、企業ではどんな使われ方をしているのか、についてＲＰＡのベンダーやユーザーの方々に直接面談して、情報を提供していただきました。

そして、皆さんが知りたい疑問に答えることができるように整理をして、インターネットや雑誌、新聞では手に入らない情報を提供するように心がけています。

私たち著者一同は、ＲＰＡのもつ大きな可能性に魅了されてＲＰＡがこれからも進化していくことを信じています。

本書をお読みいただき、その可能性を肌で感じて、皆さまの仕事に少しでも役立つヒントを獲得していただければ、とてもうれしいことです。

また本書は、中小企業診断士４名によってまとめていますので、中小企業に関係される多くの方に手にしていただき、ＲＰＡが正しく活用されて、企業の発展に少しでも寄与できることを願っています。

2018年８月　　　　　　　　　　城西コンサルタントグループ会長
　　　　　　　　　　　　　　　中小企業診断士　神谷　俊彦

本書の内容は、2018年８月20日現在の情報等にもとづいています。

1章 ＲＰＡっていったい何だろう？

2章　RPAを支える技術とツール

3章　RPAを導入するときの上手なすすめ方

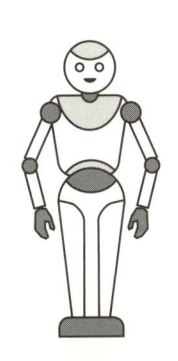

4章 RPAの導入事例を見てみよう

5章 RPAの将来はどうなっていくか

カバーデザイン◎水野敬一

本文ＤＴＰ＆図版＆イラスト◎伊藤加寿美（一企画）

1章

RPAって
いったい何だろう？

Robotic
Process
Automation

執筆◎堀川 一

1 RPAとは何か

RPAをわかりやすく定義すると

「RPA」は、「Robotic Process Automation」の略語です。新しい用語なので、言葉の定義は定まっていないのが現状です。

これから何となく定まっていくだろうと考えますが、あやふやなままでは困るので、この本では「**従来は人間のみが行なうことができると考えられていた事務作業を代行する高度化したソフトウェア群（一般的にロボットと呼ばれる）およびそれらの行為を利用した業務改革手法**」として、記述していきたいと思います。

RPAは、ソフトウェア型のロボットが中心のシステムであり、パソコンを操作してアプリケーションを扱う各種業務を代行し、ホワイトカラーのデスクワークを効率化・自動化するものです。

RPAは、オフィスの仕事を自動化するロボットととらえて「**デジタルレイバー**」（仮想知的労働者）とも呼ばれています。

人間の定型的作業はRPAに代わっていく

現代の企業においては、人の作業をシステム化するはずの業務アプリケーションが乱立し、それらのシステム間を人手作業でつなぐということが起こっています。

たとえば、Aさんが手書き伝票を見てデータファイルをつくり、Bさんはそのファイルを見てERP（基幹システム）に入力する。Cさんは、ERPデータを参考にして、重役へのレポートを作成する。Dさんは、システム結果と別部門から入手したExcelファイルを検証し、報告書を作成する——といったことなどが、企業の日常風景として行なわれているのは珍しくはありません。

このような作業は、定型的な作業として存在し、手作業のために時間を要しています。

RPAは、このような**定型的作業を自動化する**目的で開発され、

◎ＲＰＡの発展イメージ◎

第一段階	定型業務の自動化	現在ある定型的な業務を単純に自動化する段階 例）手書きの伝票をExcelの表にインプットする。
第二段階	非定型業務の自動化	判断を伴うような定型作業をＲＰＡが過去の事例を参考に、学習しながら自動化する段階 例）ある程度の指示をすれば出張の手配をしてくれる。
第三段階	高度な自律化	ＡＩを搭載し、業務分析や改善、意思決定まで自動化 例）ある程度、定期的に書かれているような報告書はＡＩの判断で自動的に作成する。

2018年８月現在、すでに大企業を中心に活躍しています。これからも、間違いなくさらに多くの企業に広がっていきます。

ＲＰＡは今後どうなるか？

　ＲＰＡの今後については、この本で解説していきますが、上表のような３段階で発展すると考えられています。

　現状は第一段階が中心となっていますが、今後、高度化する認知技術や人工知能（ＡＩ：人工的につくられた人間のような知能）により、さらなる高度な自動化ができる段階に移行するようになると予測されています。

2 オフィスロボットの活躍

金融機関が先行して導入

　日本におけるＲＰＡの導入については、2015年あたりから報告が出始めています。

　事例としては、都市銀行や生損保会社など金融機関が先行していました。金融機関や保険会社などは、従来からシステム化を進めており、業務フローが導入前より明確に規定されていたということで、ＲＰＡによる自動化の効果が大きいため導入されたといわれています。

　また、これらの会社は海外の動向にも敏感で、早い時期からコンタクトをしてきたようです。その後、製造業やサービス産業などの大企業から、ＲＰＡを導入する企業が増えてきています。

大企業は積極的に導入しているが…

　2017年の後半からは、日本でも新聞・雑誌でのＲＰＡの取扱いが目立ち始め、2018年に入ると、注目度が一層高くなり、現在に至っています。

　業務改善系の展示会でも、ＲＰＡ関連ブースの人気は1、2位を占めています。

　しかし現在の状況では、大企業のほとんどがＲＰＡを導入中、あるいは検討中で積極的な動きがあるのに、中小企業においては一部の先進的な企業を除く全体の90％が無関心あるいは関心はあっても具体的な行動はしていないレベルにあります。

中堅・中小企業にも普及し始めている

　大企業を中心としたＲＰＡの導入は、現在も活発で、ＲＰＡベンダーへの問い合わせも多く、むしろ企画提案できる人材を急ピッチで確保している状態にあります。

　これは、世界的にも同様の状況にあるため、ベンダー各社は教育

◎ＲＰＡは、いったいいくらかかるのか？◎

導入コストは適用事例により大きく変わってくるし、適用業務の得意・不得意があるため、一概にはいえないが、１つの目安として、「松竹梅」の３パターンで概算の導入コストを整理してみました。

松パターン 1,000万円超／年	複数のロボットを管理できるサーバー型のＲＰＡツールを導入し、複数部署での全社展開を前提に導入するパターンです。業務分析は、大手のコンサルティング会社が担当することもあります。
竹パターン 300万～1,000万円／年	100万円／年程度のＲＰＡツールを導入して、導入当初は外部ベンダーにロボット開発を委託し、運用段階で自社開発・運用に切り替えることで運用コストを抑えるパターンです。
梅パターン 100万～500万円／年	近年登場している中小企業向けの低価格ＲＰＡツールを導入して、ロボットを自社中心で開発、運用します。困ったときには、外部ベンダーに早めに相談することが重要です。

研修や実践的トレーニングのプログラムを整備して人材確保にあたっています。

　こうした動きもあるため、たとえばＲＰＡ関連セミナーに参加する企業は、次第に中堅・中小企業にシフトしてきています。ベンダー側も、ターゲット顧客として中小企業に目を向け始めています。

　結果が出てくることで、さらに広がりも出てくるはずです。

3 RPAの特徴

システムやアプリを変更することなく対応が可能

RPAの特徴は、企業内にあるさまざまなシステムやアプリケーションを変更することなく対応が可能なことです。

プログラミングも不要で、ふだんパソコンで操作している手順をそのまま覚えさせればよく、プログラマーやエンジニアでなくても扱うことができます。

新しく職場に来た人に仕事のやり方を教えるときに、実際に作業手順を見せて覚えてもらうことが多いと思いますが、RPAは作業を覚え、実行する点は似ています。以下に典型的なRPAの特徴についてまとめておきましょう。

これがRPAの特徴だ

①自動化

人間がキーボードやマウスで行なっている作業の自動化が可能です。

②反復・高品質

24時間365日、常時稼働が可能で、疲れ知らずです。また、ミスをすることもないため品質が向上します。

③既存の業務システムの変更が不要

RPAでは行なう動作を定義するので、既存の業務システムやアプリケーションを変更する必要がありません。

④さまざまなアプリケーションへの対応が可能

Office製品（Word、Excel、Outlook等）だりでなく、社内システムや社外のWebアプリケーションなど幅広いアプリケーションへの対応が可能です。

⑤プログラミングが不要

RPAは、プログラミング不要です。そのため、プログラミング

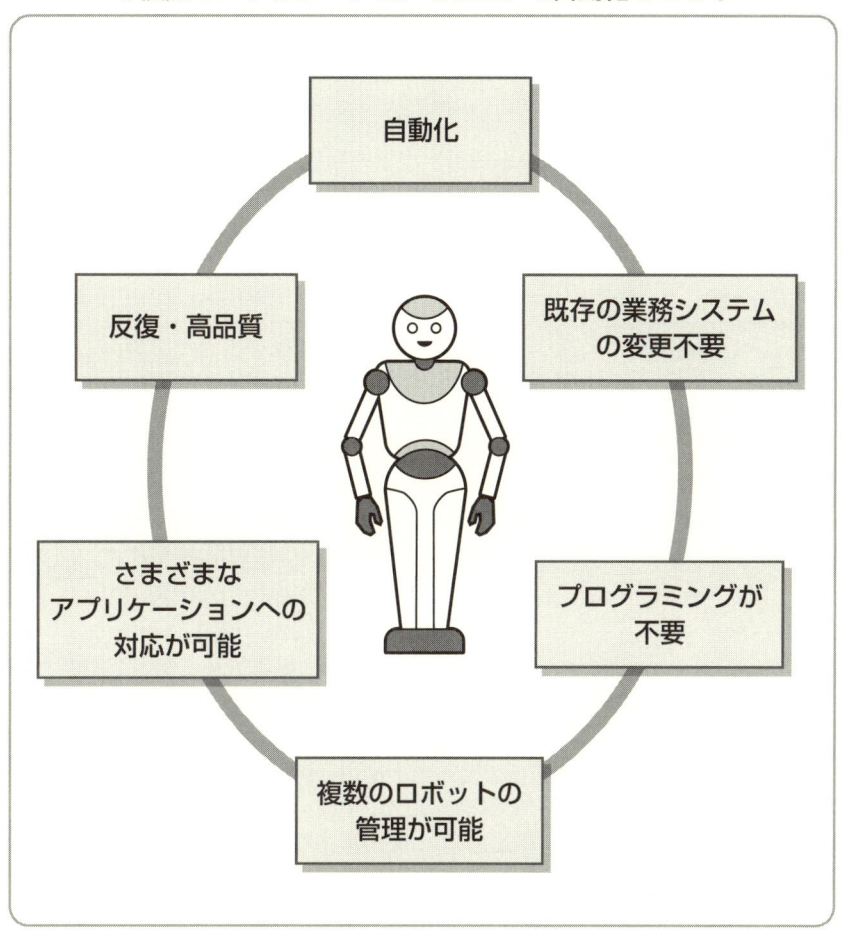

◎複数のアプリケーションをまたいで自動化できる◎

自動化

反復・高品質

既存の業務システム
の変更不要

さまざまな
アプリケーションへの
対応が可能

プログラミングが
不要

複数のロボットの
管理が可能

経験のない業務ユーザーであっても、研修や支援を受けることで、
ＲＰＡツールを利用した自動化処理をすすめることができます。

⑥**複数のロボットの管理が可能**

　個別のパソコンで処理を行なうことも可能ですが、複数のパソコ
ンでのＲＰＡロボットを集中して管理することが可能です。

4 RPAの歴史

2000年代から急速に普及

RPAの歴史は、いつごろから始まったのでしょうか。概略の流れを示しておくと、下表のようになります。

年　代	トピックス
2000年代初頭	Blue Prism社、Automation Anywhere社などRPA関連企業の設立。
2000年代後半	海外ではRPAという言葉が使用され始める（諸説あります）。機能や役割が理解されて、導入が目立つようになってきました。
2010年代前半	日本に導入され始め、日本独自の製品の開発が盛んになってきました。
2014年	「BizRobo」「Winactor」の発売開始。
2016年	日本の雑誌や新聞で導入事例が報告されるようになってきました。
現在	多くの企業で導入事例が出てきており、関心が高まりました。本格的普及のきざしです。

（注）実際に「RPA」という言葉でなくても、その概念はもっと以前から唱えられていますが、どこまでさかのぼれるかは明確ではありません。

RPAは第4次産業革命の担い手

では、RPAを歴史の局面で、どのようにとらえたらいいのでしょうか。

たとえば、18世紀後半から19世紀にかけて起こった産業革命は、

◎「新産業構造ビジョン」とRPA◎

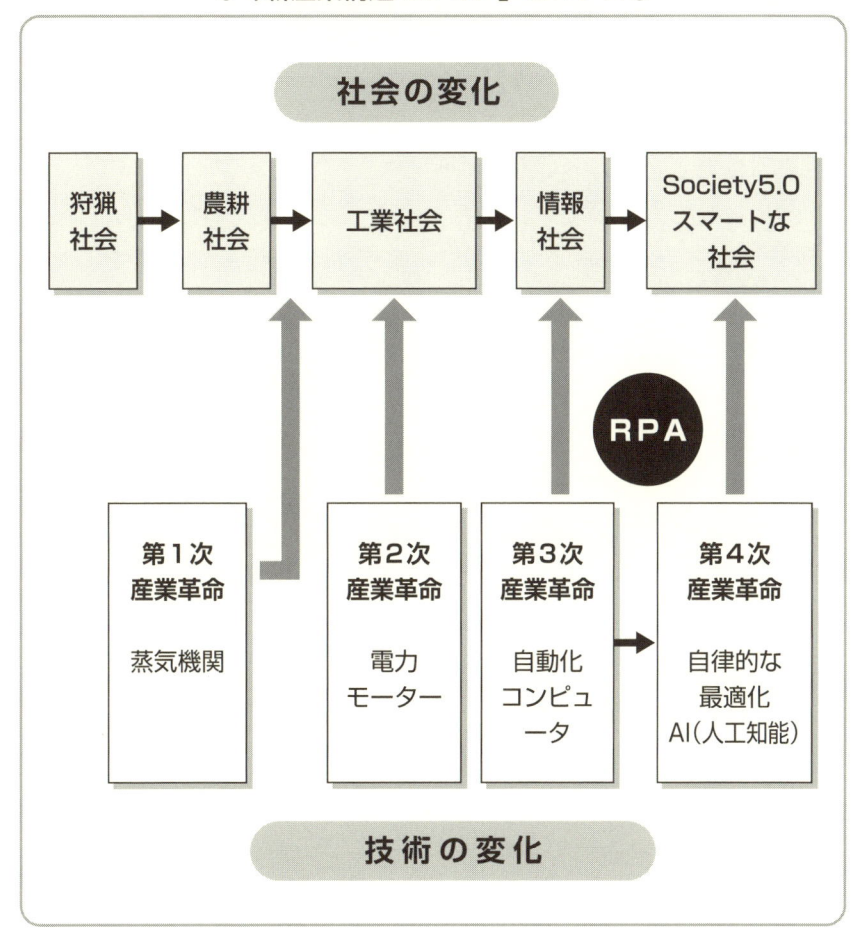

人口爆発ともいえる人口増加の引き金となり、大きな社会構造の変革をもたらしました。

　この大きな変革に劣らない第４次産業革命ともいえる大きな変革が現在だといわれています。

　第４次産業革命は、「技術、ビジネスモデル、働き手も求められるスキルや働き方に至るまで、経済産業社会システム全体を大きく変革する」といわれており、ＲＰＡは事務的作業から人類を解放する第４次産業革命の担い手となるかもしれません。

5 | RPAにできること・できないこと

RPAにできないことはない!?

「RPAにできないことはあるのか？」と、よく質問されます。

各社の回答はまちまちですが、「**ホワイトカラーの業務で、できないことは、ほとんどない**」というのが一般的な見解です。

2015年5月に、イギリスの著名な理論物理学者・ホーキング博士は、今後100年以内に人工知能（AI）が人間を超えるだろう、と警告しましたが、RPAの可能性について考えてみると、AI技術が関与するため、いつかは人間を超えて電子空間のなかをロボットが自由に動き回っているかもしれません。

ただし現在は、RPAにもできないことや課題はいっぱいあります。それについては、本書で解説していきます。

RPAは第二段階から第三段階へ

本書では、冒頭に示したように、RPAを段階的にとらえて説明しています。

第一段階から第三段階まで、技術の進展や使用環境によって順番に進化を遂げていき、できないと思っていた業務が次第にできるようになっていくと考えています。

第一段階、第二段階で、現在対応している事例を含めて、できていることをあげておくと、以下のとおりです。

【第一段階】…定型業務（人間がルール・手順を決めて行なう）

●社内外のシステム間の連携（データの移し替え）

　　→Excelファイルから基幹システムへの入力など

●インターネットを通しての情報収集作業

　　→交通費精算チェック、競合他社情報の入手など

●単純作業（集計、チェック、システム操作）の自動化

　　→売掛データと入金データをリスト化し、比較チェック後にマ

◎RPAの進化◎

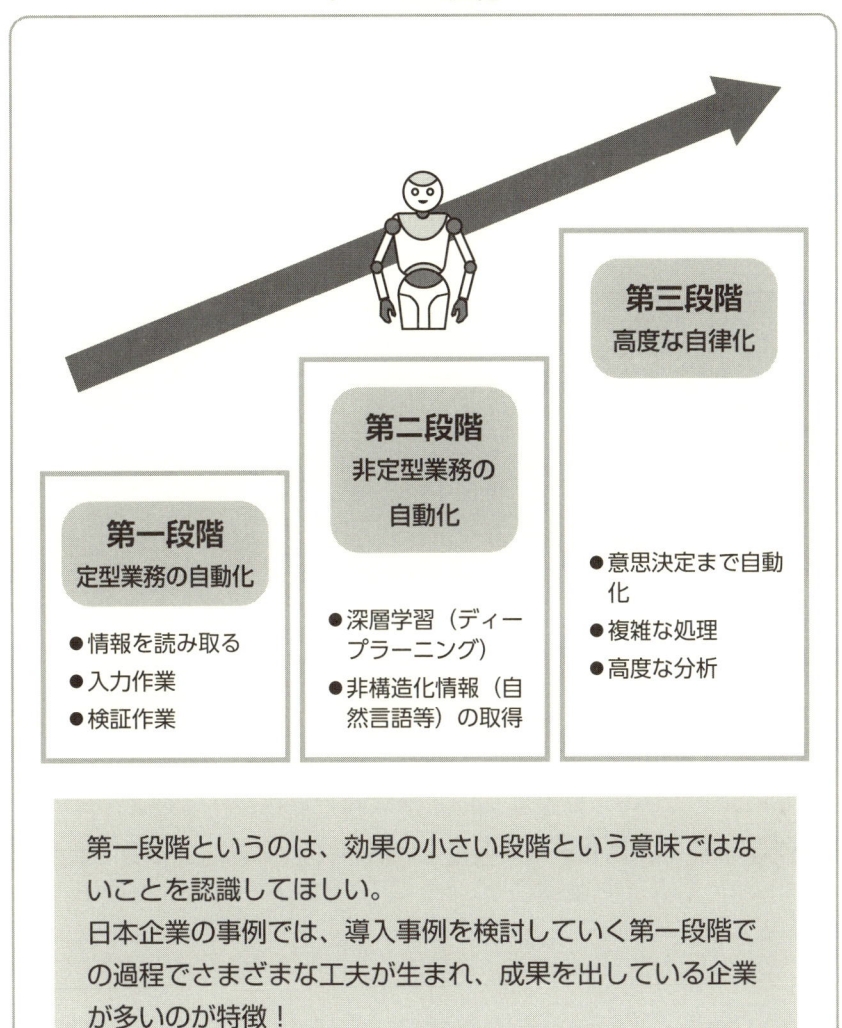

第一段階
定型業務の自動化

- 情報を読み取る
- 入力作業
- 検証作業

第二段階
非定型業務の
自動化

- 深層学習（ディープラーニング）
- 非構造化情報（自然言語等）の取得

第三段階
高度な自律化

- 意思決定まで自動化
- 複雑な処理
- 高度な分析

第一段階というのは、効果の小さい段階という意味ではないことを認識してほしい。
日本企業の事例では、導入事例を検討していく第一段階での過程でさまざまな工夫が生まれ、成果を出している企業が多いのが特徴！

ーク

【第二段階】…非定型業務（判断を伴う業務や例外対応）
- 指示されたあいまいな内容を判断してデータ化する
  →需要予測などＡＩ機能を取り入れた事例が典型例

1 ┃ なぜいまRPAが 必要とされるのか

労働力人口の減少からRPAが必要に

　RPAが必要とされる主たる背景で、もっとも重要なのは、日本における労働力人口の減少です。

　少子高齢化に伴い生産年齢人口が減少し、出生率が急回復することなく、人口や生産年齢人口が減少することは以前から報告されています。

　労働力人口の予測は、生産年齢人口の減少や労働への参加率など、さまざまな要因を加味して推計していますが、今後の努力次第では変わってくる予測統計です（国立社会保障・人口問題研究所が毎年、人口予測を、厚生労働省が労働力人口を公表しています）。

　いずれにしても、現状の企業活動を維持しようとすれば、人手不足が深刻になることが予想されています。すでに日本では、全業種で人手不足が明らかになり、失業率もかつてない低い水準が続いています。

　そのため、**2018年は生産性向上が政府の主要テーマの１つです。**

中小企業こそ人手不足は深刻

　一方で、あらゆる職業について、人工知能やロボット等で代替される確率を試算している記事を目にされたことがあると思います。

　日本の労働人口に関わる多くの職業において、人工知能やロボットが代替することは可能との推計が行なわれています。

　この予測の根拠についての議論は別にして、現実に生産性向上を喫緊の課題としている企業が人工知能（AI）やロボットなどの技術革新を積極的に取り込むことは確実です。

　特に、人材が不足する中小企業にとっては、RPA、AI、IoTを用いての業務自動化など、少ない人数でも仕事が可能なようにする手段は魅力的に映るはずです。

人口減少社会に突入した日本。
労働力人口の減少が問題に！

2014年の総人口１億2,800万人／労働力人口6,600万人

2030年の総人口１億1,600万人／労働力人口6,060万人

労働生産性の低さ

労働者１人あたりで生み出す成果の指標をみると、

日本はＯＥＣＤ加盟35か国で21位。

先進国のなかでは下位に位置する。

RPAに
期待！

（以上、中小企業白書から抜粋）

2 働き方改革とRPA

働き方改革は企業にとってはコスト増に

　政府は、一億総活躍社会実現に向けた最大のチャレンジとして「働き方改革」を強力に推進しています。その概要は右ページ表に示したとおりです。

　企業をRPA導入へと駆り立てそうなのが、「長時間労働の是正」でしょう。労使で協定を結べば、残業時間を年間720時間（月平均80時間）にできますが、この規制の違反に対しては罰則を科すことが、今後、企業に適用されていきます。

　その他にも、同一労働・同一賃金、有給休暇の取得義務化など、企業にとってはコストが上昇していくため、働き方改革は経営に対してインパクトがある問題でもあります。

　また、中小企業に適用されていた割増賃金率の猶予も廃止されることになるので、残業時間の抑制は大企業だけの問題ではなく、中小企業もどのように対処していくか考えなければならないでしょう。

RPAの導入が解決策になる！

　働き方改革への解決策となるのが「RPA」です。デジタルレイバーであれば、人間が指定したとおりの作業を24時間365日、黙々とただひたすらに、かつ正確に遂行してくれます。定型作業など、デジタルレイバーが昼休みや夜間を利用して働いても、割増残業代を支払う必要もありません。

　そして、長時間労働をなかなか是正できない理由の1つが、システム化ができずに手作業に頼っている少量作業であり、時間を取られてしまうこともその要因なのです。量が少ない業務は、共通化ができず、またシステム化するには時間やコストもかさむことから、人手による業務として変わらずに残っています。

　新しい業務が追加されてもシステム化まで至らずに、少量手作業

◎働き方改革関連法の概要◎

項　目	内　容	施行時期
残業時間の上限規制	時間外労働の上限を年720時間、月100時間（休日労働を含む）、2〜6か月の平均80時間（休日労働を含む）に設定	大企業： 　2019年4月 中小企業： 　2020年4月
有給休暇取得の義務化	有給休暇が年10日以上ある労働者について、うち5日の取得を企業に義務づけ	2019年4月
勤務間インターバル制度	終業と始業の間に一定の休息時間を確保する勤務間インターバル制度の普及促進に努める	2019年4月
割増賃金率の猶予措置の廃止	残業時間が月60時間を超えた場合に係る50％の割増賃金率について、現在、中小企業に適用している猶予措置を廃止	中小企業： 　2023年4月
産業医の機能強化	従業員の健康管理に必要な情報の提供を企業に義務づけ	2019年4月
同一労働・同一賃金	正社員と非正規労働者の待遇に不合理な差をつけることを禁止	大企業： 　2020年4月 中小企業： 　2021年4月
高度プロフェッショナル制度の創設	高収入で専門知識をもった労働者について、本人の同意などを条件に、労働時間規制から外す。勤務時間に縛られることなく働ける代わりに、残業代や深夜・休日手当は支払われない	2019年4月

業務が増えていきます。ＲＰＡならば、こういった単純作業である人手に頼った業務を、人間に代わって自動で実行し、仕事量を大幅に削減することができるのです。

　ＲＰＡは、長時間労働の時間的ストレスからの解放だけでなく、品質確保ストレスからの解放、そして単純作業ストレスから解放することが可能です。ＲＰＡを採り入れることで、働く人がどう幸せになるかを検討する機会が増えていくことが重要なポイントです。

3 日本の企業の経営環境

いま、日本の企業の課題は何か

日本の企業経営者が考える企業課題は、次のとおりです。

	項　　目
1 位	収益の拡大
2 位	売上・シェアの拡大
3 位	人材強化
4 位	新製品・新事業・新技術の開発
5 位	経営基盤の強化

この順位は、変動は多少あるものの、毎年ほぼ変わりません。

ＲＰＡが特に関係するのは上表のうち、「人材強化」と「経営基盤の強化」です。

人材強化の面では、今後ますます人手不足が深刻化した場合、人件費等が高騰してくる可能性があります。

人を雇う場合、人件費以外にもさまざまな費用がかかります。社会保険料は当然必要ですし、最近ではセクハラ対策、パワハラ対策、メンタルヘルス対策にも配慮をしなければなりません。退職金も用意しなければ、社員の老後の生活を安定させることはできません。

そして日本の場合は、正社員として雇用すると、解雇することはなかなかできません。経営者にとって、人を雇うということは、さまざまな責任が生じるわけです。ＲＰＡなら、業務をやめることは即座に可能ですし、何の費用もかかりません。

これからの人間が行なう業務は？

一方、人間がロボットより優れているのは**創造性**です。この創造性を活かし、ＲＰＡを活用して、できる限り「ロボット」でできることは「ロボット」に任せて、人間はこの優れた創造性を活かせる

◎人間とロボットが働くことの特徴◎

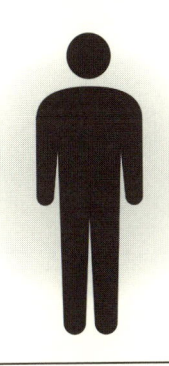 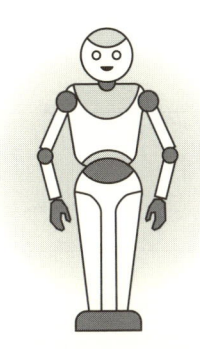

- 創造性があり、新たなもの をつくり出すことが可能

- 五感を用いてコミュニケー ションが取れる

- 人件費、残業代、社会保険 料、その他管理費がかかる

- 休憩や休日が必要。長時間 残業の禁止

- 作業スペースが必要

- 単純作業などでミスをする ことは避けられない

■ 新たなものを創造すること は不得意

■ コミュニケーション能力は 人間には及ばない

■ ＲＰＡの導入費・維持費が かかる

■ 24時間休みなく、文句も 言わずに働いてくれる

■ サーバーやクラウドが必要

■ ロボットの管理は必要だ が、停止・再開は容易

付加価値の高い業務を行なっていくことが、「人材強化」につなが るとともに、「経営基盤強化」にもなります。

そして、このようにＲＰＡを利用して「人材強化」や「経営基盤 強化」を行なうことこそ、最終的に企業経営者の関心が高い「収益 の拡大」や「売上・シェアの拡大」への解決策にもなるのです。

4 日本で広がるＲＰＡの導入

金融機関、大企業が導入の中心だった

　ＲＰＡの導入企業は、前述したように2016年までは都市銀行や生損保会社など金融機関が先行していました。

　金融機関で導入が先行したのは、大量の書類を扱うため、その事務処理をＲＰＡで自動化することによる効果が大きいからでした。

　また、金融機関は、従来からシステム化を進めており、業務フローが導入前より明確に規定されていたということも、ＲＰＡ導入が早かった理由だと思われます。

　その後、大規模なメーカーやサービス企業もＲＰＡを導入する企業が増えてきています。

　調査報告やベンダーのインタビューを聞いても、現在の導入企業は大企業が主流であり、中堅規模の会社も大企業系列の会社が多いとのことでした。親会社で良好な結果が出たので、子会社にも導入ということなのでしょう。

　どうやら現在は、ＲＰＡの導入は大企業中心となっているようです。

間接部門から直接部門へ広がっている

　ＲＰＡを導入する業務は、事務処理が発生する間接部門（経理・財務、人事、総務、システム）などが多いと思われますが、直接部門である営業やマーケティング部門で導入されることも多くなっています。

　これは、営業部門においても、営業担当者が行なう事務作業（見積書や請求書の作成、提案書や契約書、納品書の作成、受注業務、発注業務など）が多く、本来、営業担当者がすべき顧客訪問や企画などの業務に時間が割けないため、事務作業の効率化を行なうことを意図したものです。

◎RPA導入の広がり◎

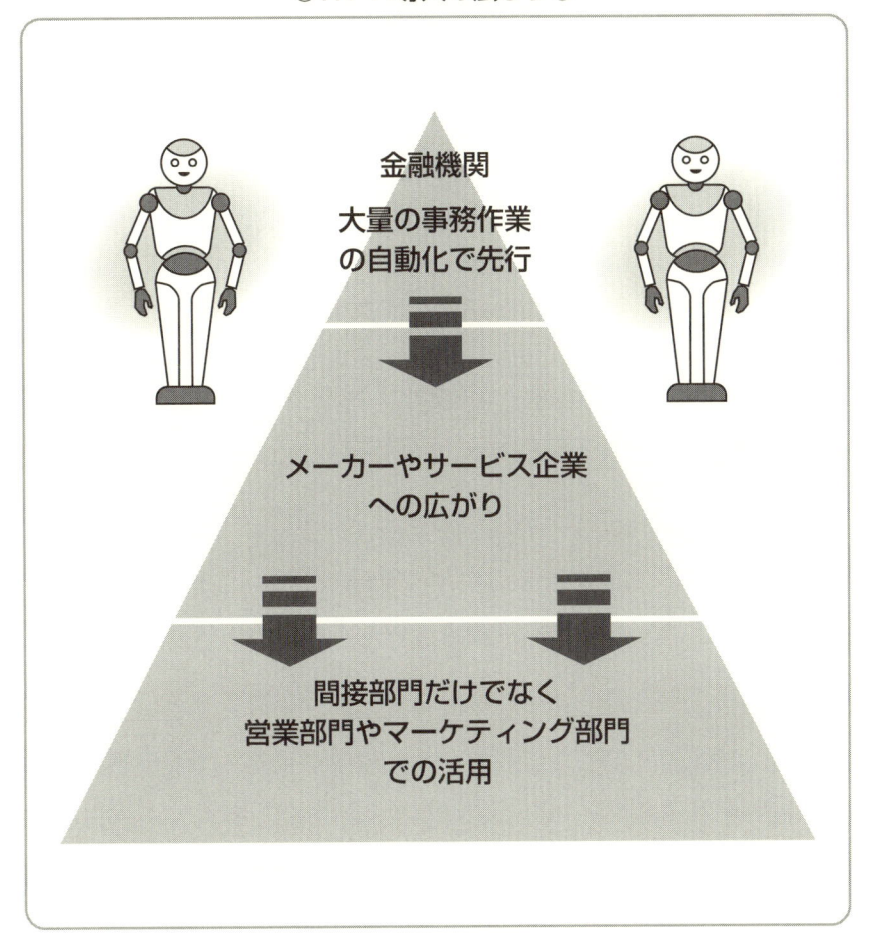

金融機関
大量の事務作業
の自動化で先行

メーカーやサービス企業
への広がり

間接部門だけでなく
営業部門やマーケティング部門
での活用

　また、マーケティング部門においては、Ｗｅｂサイトから自社製品の販売価格情報を入手し、価格一覧情報をExcelファイルで作成したり、他社商品の価格情報を取得して、マーケティング戦略に利用したりとさまざまな活用事例がみられるようになってきています。

　大量の定型作業の自動化といった目的から、ＲＰＡ導入も広がりを見せてきているのです。

5 ｜ 日本政府と自治体の取組み

政府の提唱する未来投資戦略では

　日本政府は、2018年6月に発表した「未来投資戦略2018」のなかで、デジタル・ガバメントの実現（行政からの生産性革命）として、ＡＩ・ＲＰＡ等のビッグデータ処理技術を活用した業務効率化を掲げています。

　政府自身のＲＰＡ導入も、今後進展していくでしょう。総務省は、2019年1月稼働に向けて、総合無線局監理システムにＲＰＡを導入する予定とのことです。

　また、同戦略のなかで2020年度末までに、ＡＩ、ＲＰＡ等の革新的ビッグデータ処理技術を活用する地域数を300にすることを目標に掲げていますので、地方自治体でのＲＰＡ導入も今後進展することが予想されます。

　同様に、中小企業・小規模事業者の生産性革命のさらなる強化のなかで、2020年までの3年間ですべての中小企業・小規模事業者の約3割に当たる約100万社のＩＴツール導入の促進をめざすとしており、ＩＴツールの1つとしてＲＰＡを導入する中小企業も増えていくものと思われます。

自治体でも続々とＲＰＡを導入

　地方自治体においては、ある地方のＴ市が、2018年1～4月にわたり、市民窓口課など計6業務でＲＰＡを試行しました。

　その結果、住民税を特別徴収する事業所のデータを仕分ける作業では、職員の作業時間が約25％に短縮されました。6つの業務で年間を通じてＲＰＡを導入した場合、作業時間を約8割減らせる見通しが出たので、2018年度には本格的にＲＰＡを導入する予定です。

　また、ある県では、ＲＰＡによる業務効率化を模索するうえで、職員に一定数以上繰り返している業務をヒヤリングし、自動化する

◎政府によるAI・RPAの推進体制◎

政府は、2018年4月に人工知能技術戦略会議を設置。同会議が司令塔となって、AI技術の社会実装を推進するとしています。RPAの発展は、AI技術との連携やRPA自体のAI化がキーになると思われます。

【政府の人口知能研究体制】

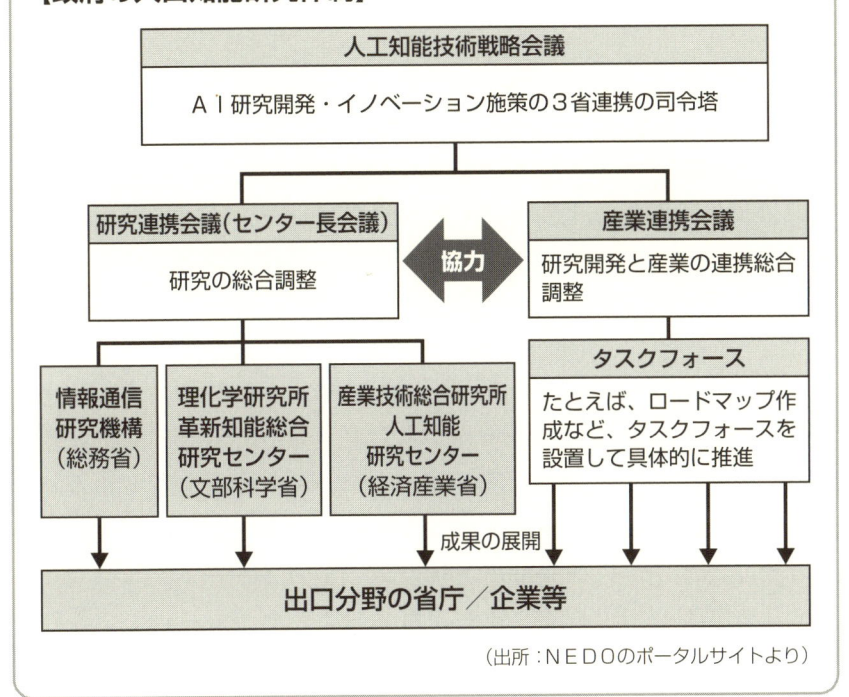

（出所：NEDOのポータルサイトより）

内容を検討しました。

　これにより、これまで手作業で進めてきた業務フローが明確になって、RPAを試験的に導入したら、作業上のミス削減および作業時間の削減を確認できたので、本格的に導入する予定です。

　他の自治体でも、RPA導入の事例報告が出始めています。2018年は、まだまだ他の自治体からも導入事例が報告されるのは確実です。

6 日本企業における成果

定量的な面での成果は着実にアップ

　品質、コスト、納期（この３つを合わせて「ＱＣＤ」という）の観点から、企業がＲＰＡ導入によって、どのような成果を上げているかを考えてみましょう。

　以下は、ある会社での成果についての実績報告です。

> まず、品質においてはミスゼロ化が実現し、コストにおいては処理単価が５分の１以下に下がり、スピードも当日処理が可能になるなど、ＲＰＡを利用することにより成果が上がっています（右ページ表を参照）。

　管理的な業務で、単純・大量・属人的でない業務での典型的な効果事例がこのような点に現われます。導入して間もない企業も多いので、成果に関する公表は限られますが、大手金融機関を始め、大量の定型業務の処理をＲＰＡにより行なうことにより、コスト削減など定量的な面での成果は着実に上がっています。

　上記は現時点での成果ですが、将来発生したかもしれない効果も含めることができます。たとえば、処理件数が増えていくならば、将来雇うであろう人数を抑えることができることになるわけです。

定性的な面からも成果が上がっている

　このような定量的な効果だけではなく、定性的な成果にも着目する必要があるでしょう。

　ＲＰＡを導入するにあたり、業務フローの見直しを実施することで他の業務の効率化にもよい影響を与えたり、ＲＰＡが業務を行なうことで人間のミスによるチェックを不要にしたり、機密情報や個人情報の外部流出を未然防止できたり、従業員の不正やコンプライ

◎ある企業のＲＰＡ導入の成果事例◎

	導入前	導入後
Quality （品質）	●Ｗｅｂ業務のミス ●目検によるミスが発生 ミス件数8件	●人によるダブルチェックの廃止 ミス件数0件
Cost （コスト）	● 1時間当たり処理件数 10件／時間 ● 1件当たりの処理単価 160円	● 1時間当たり処理件数 80件／時間 ● 1件当たりの処理単価 28円
Delivery （納期）	●処理件数に限界 →納期ルールの設定	●処理件数に限界なし →当日処理可能、納期短縮

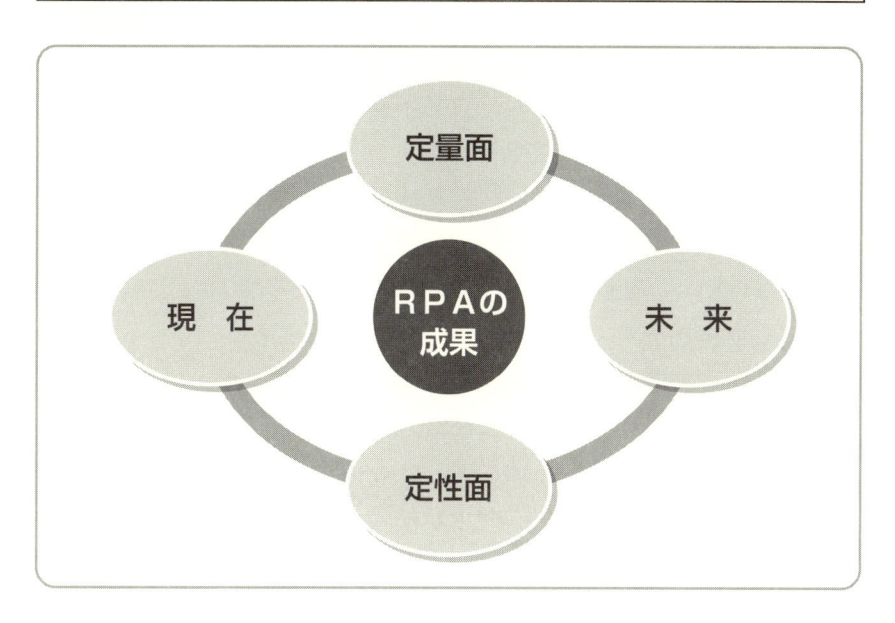

アンス違反の防止など業務統制の強化といった側面でも成果が報告されています。

このような成果は、経営者が喜んでいるだけでなく、業務を担当する部署長・担当者からも支持されています。この現場の担当者の支持のある・なしが、ＲＰＡ導入成功のカギとなります。

1 ｜ RPAで何を解決するのか

RPA導入で解決できること

　RPAを導入して活用すると、以下のようなことを解決すること
が考えられます。

①業務効率化およびコスト削減

　人的作業を代替し、社員の業務工数を削減する効果は、非常に大
きいものと考えられます。また、BPOやアウトソーシングは諸外
国の賃金上昇もあり、RPAの導入コストのほうが安くすむ可能性
があります。

②品質やスピードの向上

　RPAによる処理は、正しく設計されている限り、ミスは起こら
ないため、品質の向上が期待されます。

　また、RPAによる処理は、人間の処理と比較すると数倍～10倍
以上の速さになるだけでなく、人間で生じるアイドルタイムがRP
Aではないため、複雑な処理になればなるほど、人間よりもはるか
に速く処理できます。

③セキュリティ向上

　RPAでは、すべての作業ログを残すことも可能であり、人間の
作業に比べ作業の追跡が可能です。RPAを導入すると、情報の保
護といったセキュリティ面の向上が期待されます。

④業務の平準化

　経理財務や人事領域で最も多く聞かれる課題は、繁閑差の解消で
す。RPAは、繁忙に合わせて業務の振り分けが人間よりはるかに
柔軟に可能です。

　たとえば、月中はマーケティングや予算見込みの取りまとめなど
の作業に振り向け、月末・月初にはその期間に偏りがちな受注処理、
決算関連に振り向ける、など繁閑に合わせた配置換えを行なうこと

◎RPAを活用すればいろいろ解決できる!◎

- 効率化
- コスト削減
- 品質
- RPAで解決
- 業務の平準化
- セキュリティ
- 労務管理

も可能になります。

⑤労務管理の容易性

　RPAは、メンタルケアなどが不要である点は非常に大きな魅力です。煩雑でモチベーションの上がらない処理をRPAが担うことで、従業員の士気が高まることが期待されます。

　また、残業の削減は、働き方改革でより厳しくなる労務管理への対応も可能となるでしょう。

2 生産性向上とは何か

そもそも生産性とは何か

よく「**生産性向上**」といわれますが、その言葉の意味を改めて確認しておきましょう。

「生産性」とは、生み出された成果・価値と、その成果物を生み出すために投入された資源量の比率のことです。

つまり生産性は、「投入資源からどれだけの価値が生み出されるか」の効率を意味し、「アウトプット÷インプット」として表現することができます。

$$
生産性 = \frac{アウトプット（得られた成果）}{インプット（投入資源）}
$$

経済産業省の「2018年版 中小企業白書」によれば、日本の1人当たりの労働生産性はOECD加盟35か国中21位だそうです（23ページ参照）。そして、中小企業の労働生産性は、大企業よりもさらに低くなっています。

生産性を向上させるには、どうしたらよいか

生産性を向上させるためには、上記算式の分子（アウトプット）を増やすか、分母（インプット）を減らすということになります。

中小企業白書では、次の5つの方法を示しています。

①業務のやり方を見直す

②人材を活性化する

③IT導入を進める

④設備投資をする

⑤企業間連携（M＆Aを含む）を進める

◎生産性向上の方法◎

そもそも生産性向上の目的は、コストダウンにあるため、どの企業もこれまで絶え間なく行なってきているはずです。しかしいまは、ＲＰＡなどの新しい発想を取り入れた施策を検討する時代です。

業務のやり方	業務改善の基本は、業務の見える化を図ることから始まる。ＲＰＡ導入は、見える化に貢献している。
人材育成	人材育成のポイントは「スキルマップ」によるスキルの見える化である。特に、属人化している業務を見直すことに、ＲＰＡは貢献できる。
ＩＴ導入	ＲＰＡを一種のＩＴ投資とみてもよいが、システム投資に対してはＲＰＡの有無が導入コストなどの最終決定を左右してくる。
設備投資	ＩoＴやＡＩ導入の戦略投資が盛んになっているが、ＲＰＡも連携させることができる。
企業間連携	他社のシステムと有機的に連携するのが容易になり、連携効果の促進につながる。

　ここにあげた①〜⑤は、自社の状況（内部環境・外部環境）をしっかりと把握できているという前提に立っています。
　ＲＰＡの導入効果は、定型業務などを自動化してコストを削減するわけですから、上記①〜④について関係してきます。

3 ｜ コスト削減効果の本質

ＲＰＡを導入しても従業員は減らせない!?

　ＲＰＡによって、業務の効率化やコスト削減による生産性向上が本当にできるのかどうか、議論する余地があるでしょう。

　現在の日本における労働法制においては、従業員の解雇が厳しく規制されています。ＲＰＡを導入したからといって、従業員に安易に辞めてもらうことはできません。

　そのため、ＲＰＡの導入当初は導入のための費用が逆にプラスされてしまうため、コスト削減が可能になるのは、従業員の入れ替わりが可能となるまで長期の時間が必要になるというリスクがあります。

　したがって、生産性向上を実現するためには、インプットの増加以上にアウトプットを増加させればよいのです。

生産性向上が実現するまでにはタイムラグがある

　かつて、「コンピュータ時代はいたるところに見えるが、生産性の統計には表われていない」と、ＩＴ投資が生産性に結びついていない状況がありました。

　しかし、その後の1990年代には、米国における生産性は大幅な伸びを記録しました。そして、その原動力がＩＴ投資であったことが、現在ではコンセンサスを得ています。

　生産性の向上が現われるのは、ＲＰＡなど新規技術の導入からタイムラグがあるのです。

　電気という技術が蒸気機関に取って代わったときも同じでした。動力を電気に変えただけで、工場のレイアウトが変わらないときは、生産性の向上はみられませんでした。工場のレイアウトが変わった後に、生産性は一気に向上したのです。

◎RPA導入が生産性向上につながるためには◎

RPAを導入

- ●付加価値を創造する仕事へのシフト
- ●業務プロセスの見直し
- ●組織体制の見直し
- ●従業員教育への投資

生産性向上

RPA導入だけでは生産性向上につながらない

それと同じように、RPAの導入が生産性向上を果たすためには、業務プロセスを見直したり、業務の見える化や標準化を行ない、定型業務を明確化したり、組織体制の見直しや従業員を教育訓練することが必要になります。そのことが生産性向上につながるのです。

業務プロセスの見直しや標準化を行なうことにより、定型業務を明確にし、その業務をRPAに担わせます。

そして、定型業務に時間を割いていた従業員は、付加価値の高い業務に専念させることによって、アウトプットが上昇してこそ生産性向上につながるのです。

生産性向上の好機につながるものとしてRPAをとらえて、このような組織基盤を整備することが、コスト削減効果の本質です。

4 企業の戦略投資とＲＰＡ

ＲＰＡツールは2種類ある

ＲＰＡツールには、2つの種類があります。ロボットが主にサーバーで動く製品と、デスクトップＰＣで動く製品の2種類です

一般に、サーバー型のＲＰＡツールは大規模での導入を想定し、一方のデスクトップ型は部署単位など狭い範囲での導入を想定しています。

そして、サーバー型のＲＰＡツールの多くは、多数のロボットの管理機能を提供しています。デスクトップ型のＲＰＡツールは、ＲＰＡと区別して、「ＲＤＡ」（Robotic Desktop Automation）と呼ばれることもあります。

ＲＤＡの活用効果

上記のような特徴があるため、それぞれの種類によって、ＲＰＡの戦略投資としての活用方法も変わってきます。

ＲＤＡとしての活用法は、現場部門で、現場の効率化や最適化を図る方法です。個別のパソコンに導入するので、部門の問題を部門のニーズに従って解決することが可能です。

そして、部門の人間がＲＰＡ開発能力を高めることにより、システム変更に臨機応変に対応することが可能であるとともに、導入期間も短期間となり、導入費用も安くすませることができます。

中小企業が、パイロット的に定型業務の自動化のためにＲＰＡを取り入れたりする場合に適しているでしょう。

サーバー型ＲＰＡの活用効果

もう1つはサーバー型のＲＰＡですが、こちらは多数のロボットを監視したり、同時に作業させたりすることが可能です。

ＲＤＡ型のような活用のしかたは、迅速に現場のニーズに対応することができるのですが、導入範囲が広がれば、開発するロボット

◎企業の戦略投資とＲＰＡの役割◎

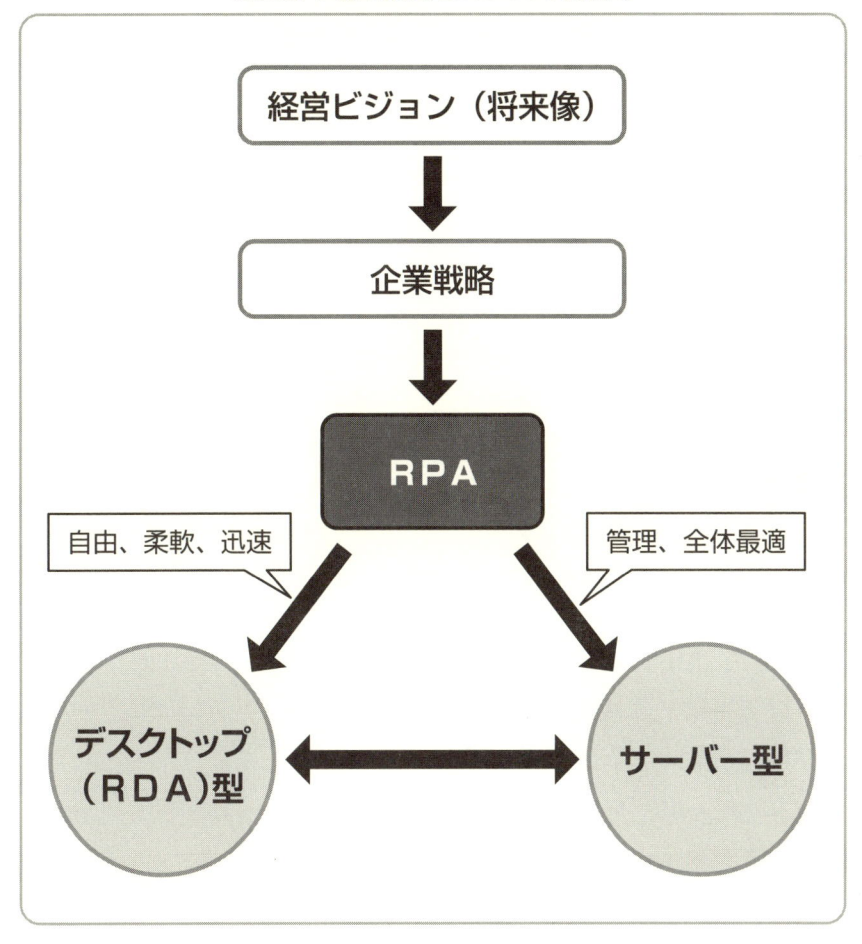

経営ビジョン（将来像）

↓

企業戦略

↓

RPA

自由、柔軟、迅速　　　　　　　管理、全体最適

デスクトップ（RDA）型 ⟷ サーバー型

の数が増え、管理者がすべてのロボットを把握するのがむずかしくなったり、保守・運用ができなくなる状況に陥ったりします。

　また、ＲＤＡ型では、ログの取得やロボットの稼働状況の監視といった管理機能をもたないツールが多いため、情報流出の防止などの内部統制として活用することは限定されます。

　いずれにしても、ＲＰＡを用いて何を行なうのかということを企業戦略の視点で考え、会社の将来像も視野に入れることによって、その投資効果はさらに高まります。

5 ＲＰＡ導入とＩＴ投資

基幹システム開発とＲＰＡを比較すると

　投資として、基幹システム開発とＲＰＡの位置づけを考えたいと思います。そのために、いままでの基幹システム開発とＲＰＡを比較してみましょう。

①ＲＰＡの導入コストの安さと導入期間の短さ

　基幹システムの開発は、自社の固有業務とシステムを適合させるケースが多く、カスタマイズした開発となり、開発コストが想定以上に高額になってしまいます。

　一方、ＲＰＡツールのなかには、100万円以下のツールもありますし、今後クラウドを利用して、ますます低廉なＲＰＡが登場することが予想されます。

　また、ＲＰＡの導入期間は数週間程度で可能な場合もあり、システムの変更にも臨機応変に対応が可能です。

②他のシステムとの連携のしやすさ

　ＲＰＡは、基幹システムに変更を加えることなく連携することが可能です。

　たとえば、業務の効率化に向けて業務フローを見直す場合、基幹システムを変更することなく、新しい業務フローにマッチするように、ＲＰＡ側で最適なしくみを構築することができます。

③デジタル技術との組み合わせ

　ＲＰＡは、現在でも定型業務の自動化だけでなく、他のデジタル技術と組み合わせることにより、非定型業務の一部も容易に行なうことができるようになっています。

基幹システム開発とＲＰＡの役割分担を決める

　基幹システムの変更は、ＲＰＡによる対応に比べ、時間と費用がかかります。一方、基幹システムの変更は行なわず、ＲＰＡで対応

いままでのシステムの「入力・参照→演算・処理→出力・保存」といった機能から、技術の急速な進歩により、「認識・収集・考えて推奨する」といった機能など、将来の拡張性を考えて、ＲＰＡへの投資を考える必要があるかもしれません。
（なお、ＲＰＡ導入のすすめ方については３章で説明していますので参照してください）

いままでのシステム
「入力・参照→演算・処理→出力・保存」

ＲＰＡ
他システムとの連携で以下の処理も可能？
「認識・収集・考える、推奨」

データ認識　　　　データ収集　　　　考える 推奨

OCR　　　**IoT ビッグデータ**　　　**AI**

することにより費用削減効果が見込まれます。
　そのため、基幹システム開発とＲＰＡの役割分担を決めて、ＩＴへの投資資金の配分を役割分担に応じてどのように行なうかを考えていかなければならないでしょう。

働き方改革への応用

　働き方改革では、労働時間の削減がテーマとしてあげられています。ＲＰＡを活用して働き方改革へ対応することは、長時間労働の是正に寄与するでしょう。しかし、「労働時間の減少は、仕事満足度にあまり貢献しない」という調査結果もあります。

　ボルテールの言葉に「労働はわれわれを３つの大きな悪から逃れしめる。つまり、退屈、悪徳、欲求から」という名言がありますが、この言葉を深く考えてみることが必要なのかもしれません。

　また、日本人は働くことを、「生活のための手段」だけではなく、違う次元からも見つめてきました。その根底には、「働くとは傍（はた）を楽（らく）にすること」というものがあり、働くことを「苦役」と考える欧米的な考え方とは大きく異なります。この日本人の特性を理解しながら、ＲＰＡによる労働時間の削減を、仕事満足度と生活満足度の向上につなげていきたいものです。

　個人としての働き方改革に対する考え方はさまざまでしょうが、企業全体としての方向性や働き方改革に対する考え方を従業員と共有し、従業員の納得感を高めることが従業員の満足度向上には必要でしょう。

　ＲＰＡで長時間労働を是正し、さまざまな活動（趣味・育児・家族との団らん・学習・ボランティアなど）に費やすことができるとき、そのさまざまな経験を活かして企業内での活躍の場を増やすとともにイノベーションを起こしてもらうことが、従業員の満足度を高める真の働き方改革といえるのではないでしょうか。

　近江商人が大切にしていた三方よし（売り手よし・買い手よし・世間よし）と同じように、働き方改革で、「従業員よし、企業よし、世間よし」につながることを実現する手段がＲＰＡなのかもしれません。

2章

RPAを支える技術とツール

執筆◎湯山 恭史

1 ＲＰＡを構成する３つの要素

人間が行なう業務の手順とＲＰＡ

　前にも述べたように、「ＲＰＡ」のＲは「ロボット」のＲです。

　ＲＰＡは一種のソフトウェアですが、なぜロボットという、まくら言葉がつけられているのでしょうか。

　ソフトウェアは人間の頭脳に相当するというイメージが強いと思いますが、**ＲＰＡには目や手というロボット的な部分があって、それらを駆使して人間のパソコン操作を代行するものである**からです。

　１つの例として、複数のネット販売サイトから、ある商品が本日いくらで販売されているかを検索し、Excelの一覧表にまとめる処理を人間がする場合を考えてみましょう。

　その手順は、次のようになるでしょう。

---

①マウスをクリックしてＷｅｂブラウザを立ち上げる

②商品サイトのＵＲＬを指定して、商品の販売価格一覧を表示

③販売価格一覧を商品名で検索し、探したい商品の販売価格が書かれた場所を見つける

④見つけた販売価格を、マウスを操作してExcelにコピーする。これを、複数のネット販売サイトで繰り返す。

　この手順は、マウスを動かしたり、クリックしたり、キーボードから入力したりという「手」の動作と、商品名で探したり、入力するボックスを探したりという「目」の動作の組み合わせになっています。そして、この手順を覚え、手や目に指令を出す「脳」も必要ですね。

　この一連の処理を、自動的に行なうしくみがＲＰＡです。

◎ロボットが人間に代わって次のことを行なう!?◎

ＲＰＡの３つの要素

　というわけで、ＲＰＡには次の３つの要素があることになります。

①**目に相当する部分**…画面を見て必要な情報を見つける
②**手に相当する部分**…コピー＆ペーストやキーボード入力をする
③**脳に相当する部分**…手順を覚える

　これまでのソフトウェアでは、コンピュータの深いところで実行されているので、実行の様子を見ることはあまりなかったと思います。

　これに対して、ＲＰＡの実動作を見た人は、画面上でカーソルや画面がひとりでに変化していく様子を見たことがあるかと思います。ちょっと不思議な、人間的な感じがしたのではないでしょうか。

2 RPAへの手順の教え方

教え方には3つの方法がある

　RPAは、人間の目や手の動きを覚えて実行するものだといいましたが、では、どうやってRPAに手順を教え込むのでしょうか。

　大きく分けて教え方は次の3つがあり、それぞれ、長所・短所があります。

> ①やって見せる方法（レコーディング機能）
> ②図示する方法（フローチャート等）
> ③文章で示す方法（スクリプト等）

　①の「やって見せる方法」は、新人が職場に配属されたときに、仕事のしかたを先輩がやって見せるのと似ています。具体的には、RPAを動かしておいて、人間がパソコン上で教えたい手順を実行し、その手順をRPAに記録させ、再生するわけです。そのために、「レコーディング機能」と呼ばれます。

　教え込むためのプログラミング技術は不要なので、最も手軽な方法です。しかし、人間の操作はいつも同じとは限らず、場合によって操作を変えることがしばしばあります。

　そのため、記録した手順に判断をする処理を追加するなどしないと、実用に耐える操作手順が完成しないケースが多くあるのが実態です。

　②の「図示する方法」は、フローチャートなどで手順を表現して、RPAに記憶させるものです。この方法では、教える側の人間があらかじめ手順の全体像を、判断や枝分かれを含めて考えて図示するため、やって見せる方法よりは手間がかかりますが、きちんとした手順を教えることができます。

◎ＲＰＡにはこうして教える◎

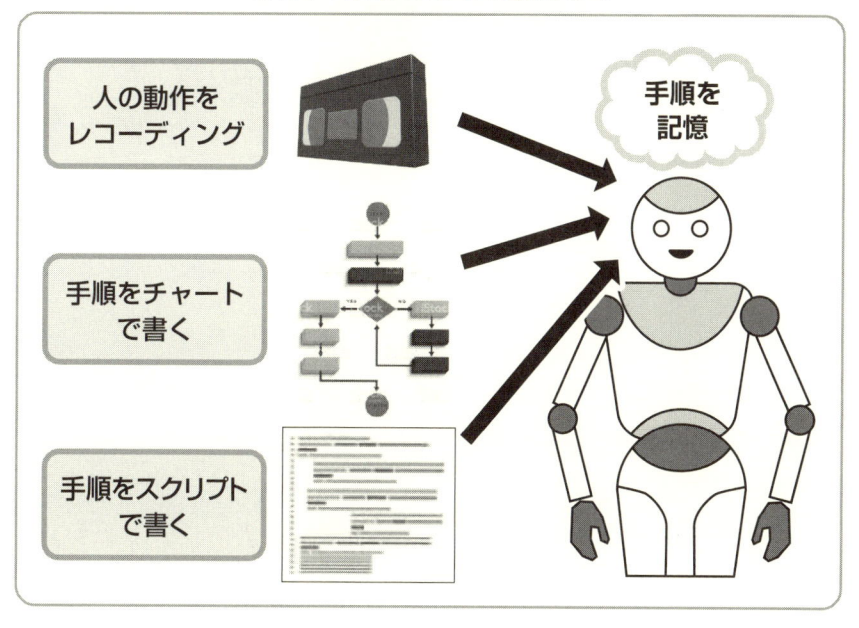

人の動作を
レコーディング

手順をチャート
で書く

手順をスクリプト
で書く

手順を
記憶

　また、スクリプトの文法を覚えなくてもよいので、比較的簡単です。

　しかし、大規模なフローチャートになると、画面いっぱいに広がり、入りきらなくなることもしばしばあって、印刷する場合や、手順を目で追うときは不便な面もあります。

　③の「文章で示す方法」は、スクリプトで１行１行、手順を書き下す方法です。この方法は、スクリプトの文法を覚える必要がある、書く量が多くなる傾向にあるなど、一番とっつきにくいものではあります。

　しかし、プログラミングの経験がある人にとっては、なじみがある方法ですし、大規模なスクリプトになっても印刷するとページ数が増えるだけで、２次元的に広がって印刷できなくなるようなことはありません。

　この文章で示す方法は、プログラミング経験者向き、大規模ＲＰＡ開発向きといえるかもしれません。

3 RPAの動作例 …OCRアプリとの連携

OCR＋RPAにAIを組み合わせる

デジタル化が進んだとはいえ、いまでも多くの会社では、紙の書類や注文書などの帳票が大量に使われています。たとえば、顧客からの注文を紙やFAXあるいはPDFで受け取るケースもまだまだ多くあると思います。

OCRとRPAを連携させて、紙の文書に書かれた情報を電子化して、受注管理システムなどのITシステムに自動的に登録する事例は、多数紹介されています。

ここで登場するものは、まず複合機やスキャナなどがあります。この装置によって紙の上の印刷パターンを画像情報に変換します。

ここから、RPAとOCRソフトの出番です。いろいろなやり方がありますが、たとえばロボット（RPA）がOCRソフトを起動して、画像情報から文字を認識して「注文金額」「80,000円」などの文字情報にします。

いまのOCRは、活字はほとんど認識しますが、手書きでは認識されないことがあります。また、紙が汚れていたり、しわが寄っていたりすると認識率は下がります。

そこで、ロボットはいったんOCRの処理結果を表示して、人間に確認と修正をしてもらいます。最後に、ロボットは確認と修正した結果の文字情報をコピー＆ペーストして、基幹システムやExcelの画面に入力します。

このような作業の流れのなかで、ネックになるのは途中にある**人間の確認と修正作業**です。

この確認作業には、文字が正しく認識されない場合のほか、たとえば「合計金額」「注文金額」のように同じ意味でも表現が異なることや、位置が違うケースもあります。そこで、人間が修正をした

◎OCRと連携したRPAのしくみ◎

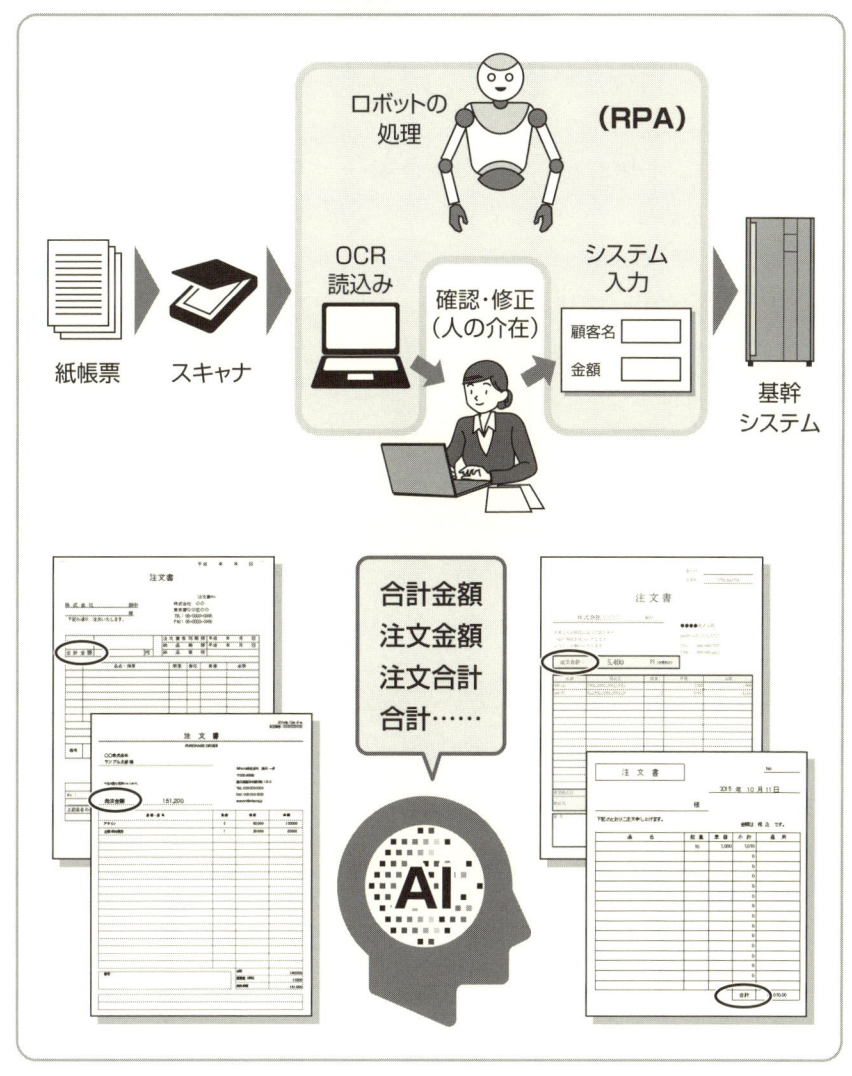

内容をOCRソフトに学習させて、次に同じ様式の書類が来たとき
は正しく認識できるようにする機能を持たせたものが最近、各社か
ら発表されています。

　これは、人工知能（AI）の活用事例でもあり、「OCR＋RP
A＋AI」というのはけっこう流行りの組み合わせのようです。

4 RPAの動作例 …Webブラウザとの連携

RPAロボットはどんな役割を担うか

　仕事の内容によっても異なりますが、事務所でパソコンを利用している時間のうちInternet ExplorerやChrome、Firefox等のWebブラウザを使用している時間は、けっこう長いのではないでしょうか。特に最近は、Webベースの基幹システムやクラウド会計システムなど、Webブラウザをインターフェイスとしたシステムが増えているため、その割合は増えているように思います。

　Webブラウザへの入力は基本的に人の手によるので、RPAによる自動化は、よく考えられるテーマの1つになります。

　たとえば、消耗品の棚卸結果がExcelに格納されていて、そこから在庫数が少なくなっているものをインターネットの販売サイトを使って発注することを考えます。

　この場合、ExcelとWebブラウザが実行役ですが、RPAロボットは全体の手順を束ね、Excelからデータを取り出し、Webブラウザにデータを入力する役割を担います。つまり、ちょうどパソコンの前で人間が行なう操作を、ロボットに行なわせるのです。

RPAを使った場合の実際の手順

　具体的には、ロボットはまずExcelを起動します。

　次に、Excelの棚卸結果のシートを開き、各消耗品の在庫数を調べてあらかじめ決めた基準と照らし合わせて補充が必要か判断します。そして、補充が必要なものはその品名と補充する数量を記憶します。

　その次に、Webブラウザを起動して、販売サイトのURLを指定して該当ページを開き、ロボットに割り振られたIDとパスワードでログインします。

　最後に、補充する商品の名前と数量を販売サイトの該当する場所

◎Ｗｅｂブラウザと連携したＲＰＡのしくみ◎

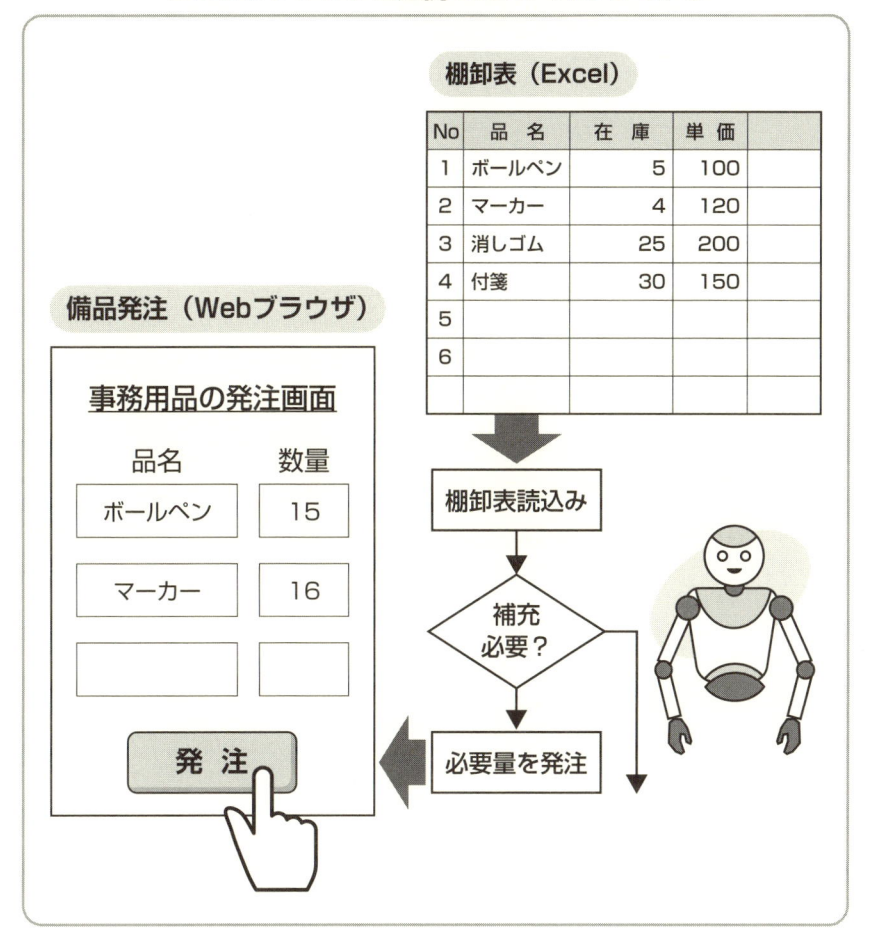

棚卸表（Excel）

No	品　名	在　庫	単　価	
1	ボールペン	5	100	
2	マーカー	4	120	
3	消しゴム	25	200	
4	付箋	30	150	
5				
6				

備品発注（Webブラウザ）

事務用品の発注画面

品名	数量
ボールペン	15
マーカー	16

発　注

棚卸表読込み

補充
必要？

必要量を発注

に入力して、発注ボタンを押して完了です。

　この際、Ｗｅｂブラウザの品名や数量の入力場所、あるいは発注ボタンの場所を求めないといけません。これに対しては、画面上の座標を直接指定する方法、画像認識技術を使って探す方法、Ｗｅｂブラウザが表示している元データ（html）を読んで解析する方法があって、各社はこれらを組み合わせて対応をしています。

　人間なら目で見れば簡単にできることですが、ロボットにやらせようとすると、それなりに難しい技術が必要になるのです。

1 RPAツールの技術的な進歩

ITはこれからも技術的に進歩する

　2章のⅠ節でも述べたように、RPAには目、手、頭脳（記憶）に相当する部分があります。そして、それぞれの部分にはさまざまなIT技術が取り込まれています。

　また、RPAツールは他のシステムとの連携をアピールポイントの1つとしており、最先端のIT技術との連携が可能となっています。

　そのために、自身のなかに技術が搭載されていなくても、連携するシステムが持っている技術を活用することも可能な枠組みを用意しています。

　皆さんも、スマートフォンやインターネットを利用することがあると思います。これらは、ITの1つの例ですが、世の中を大きく変えてきましたし、これからも変化させていくでしょう。

　このように、ITは現在も急速な進歩の過程にあります。これらの技術的な進歩は当然、RPAに対しても大きな影響を与えていくでしょう。

　RPAは現在、決まったことを確実にやり抜くロボットという存在で、それなりに役立つ存在になっていますが、近い将来には、より知的で自律的なロボットへと進化し、頼りになる存在になっていくことが期待されているのです。

知っておきたいRPAの技術

　このように、さまざまな形でRPAはIT技術に支えられ、進歩しているのです。

　そのすべてを詳細に紹介することはできないので、本書では、①目に相当する部分として「画像認識」と「OCR技術」を、②手に相当する部分として「Webとアプリの自動操作技術」を、③手順

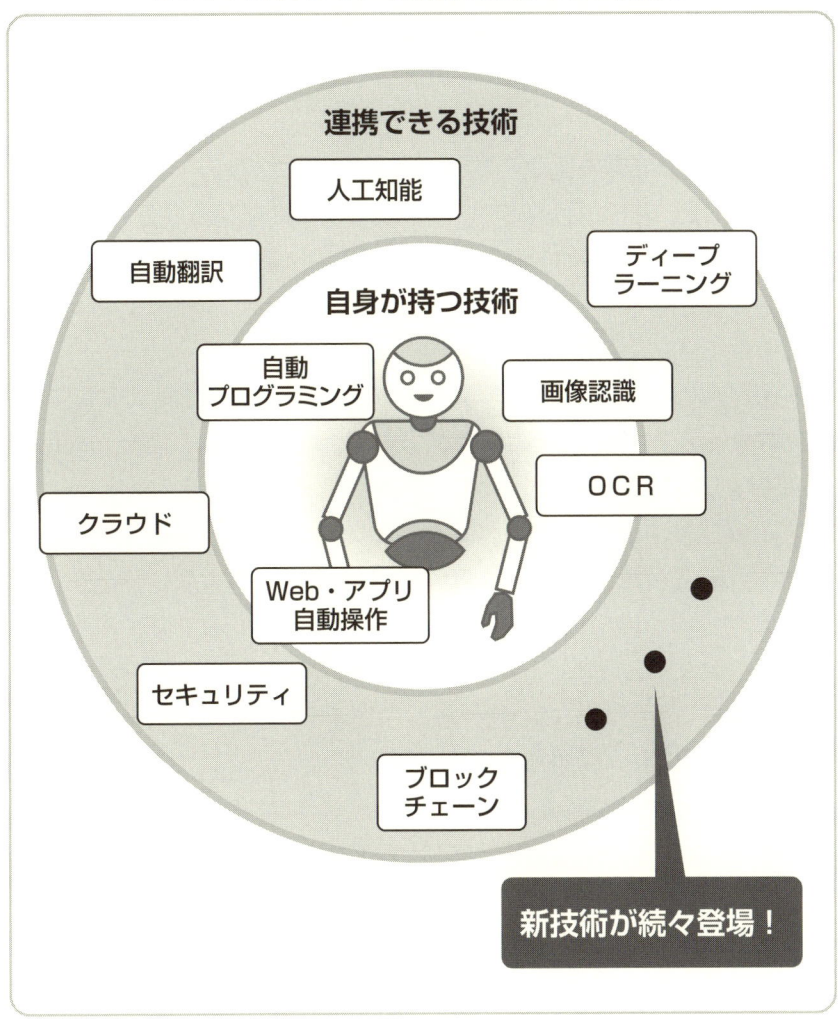

◎ＲＰＡが持っている技術と連携できる技術◎

連携できる技術

人工知能

自動翻訳

自身が持つ技術

ディープ
ラーニング

自動
プログラミング

画像認識

OCR

クラウド

Web・アプリ
自動操作

セキュリティ

ブロック
チェーン

新技術が続々登場！

を覚える部分として「自動プログラミング技術」を取り上げ、それらの技術の進歩を紹介していくことにします。

　また、今後のＲＰＡの進歩に重要な意味を持つ、人工知能（ＡＩ）についても、技術開発の最前線の状況について触れていきます。

2 画像認識の技術

画素から画像を導き出す

「画像認識」とは、画像データからその意味を読み取る技術です。

たとえば「２」という画像を読み取って、数字の２と認識すると
か、さらに進歩すると「猫」の画像を読み取ってこれは猫だと認識
するとかです。

画像認識の研究は、コンピュータの黎明期から始まった歴史のあ
る分野ですが、長年、理論的な研究にとどまっていました。実用的
な成果は、文字の認識の分野で1970年代から出始めました。

画像の対象は、文字、写真あるいは動画などがありますが、まず
これらの画像を画素（ピクセル）と呼ばれるマトリクスデータに変
換します。19×19マスの碁盤の上の各点に黒石を置いて文字を表現
するようなものです。

この場合、19×19＝361個の画素で黒か白（１ビット）を表現す
るので、361ビットが必要となります。

高精彩の写真などでも基本的には同じ考え方でデータ化されます
が、最近のデジタルカメラでは2,000万画素を超えるものも出ており、
さらにフルカラーで表現するため、データ量は数十から百メガバイ
トと非常に大きくなり、画像処理をするためには高性能のコンピュ
ータが必要になります。

ＲＰＡもいずれは人工知能適用レベルに

こうして保存されたデータを、あらかじめ用意された照合パター
ンと比較することで意味を認識します。

文字を認識する場合は、パターンの類似度を評価して最も近いも
のを選ぶということになります。

一方、写真に写っているものが猫であると認識することを考えて
みましょう。この場合、世の中の猫すべてに当てはまるパターンは

◎文字とイラストの画像認識のしくみ◎

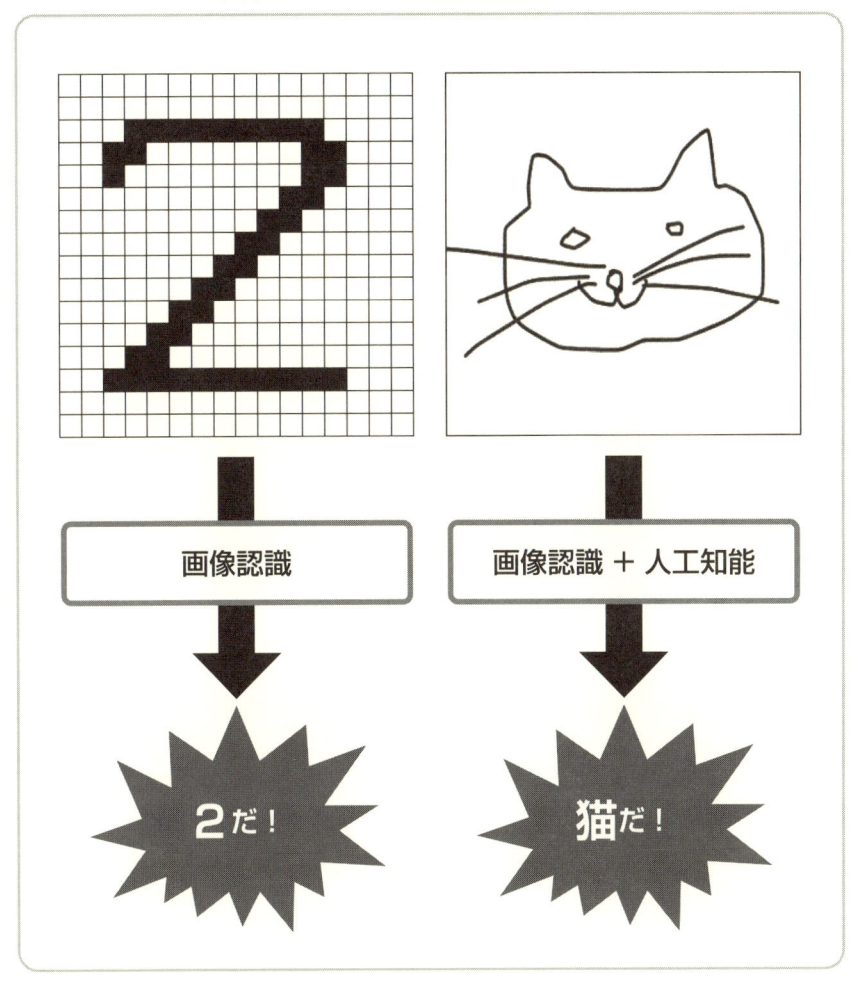

存在しないので、**人工知能の技術**を適用して、もう一段複雑な認識処理を行なうことが必要になります。

　現在、ＲＰＡで使われている画像認識は、文字認識レベルのものですが、将来は人工知能適用レベルになっていくはずで、そうなるといろいろなことができそうですね。

3 ｜ OCRの技術

ハードウェアもソフトウェアもほぼ完成の域に

　「OCR」は、Optical Character Readerの頭文字をとったものです。紙に書かれた文字を光学的にスキャンして、何という文字であるかを読み取る画像認識装置のことです。

　OCRの技術的な進歩は、ハードウェアの小型化と低価格化、そしてソフトウェアとしての認識率の向上によってなされてきました。

　OCRが日本で最初に実用化されたのは、郵便番号の読取装置で、1968年に導入されました。

　この読取装置は会議室ほどの大きさで、価格的にも一般人が導入するには思いもよらないものでした。その後、1980年代ごろから、フラットベッドスキャナが登場し、価格帯的にも数万円から10万円程度となり、一般人にも購入可能なレベルになってきました。

　その後、技術革新はさらに進み、汎用的なスキャナでも１万円以下、スマートフォンでもカメラをスキャナ代わりに使うなど、いまでは１人数台のスキャナを持っているといえるのではないでしょうか。

　ソフトウェアとしての文字認識についてみてみると、活字については、ほぼ正しく文字を認識する技術が確立されています。手書きの文字については、書いた人のクセ等があるため、活字に比べ正解率が低くなっていますが、昨今、人工知能（機械学習）の技術を取り入れて99％近くの正解率を謳っている技術が登場しています。

　ハードウェア的にもソフトウェア的にも、OCR技術は、ほぼ完成の域に達してきたといえるのではないかと思います。

　IT化が進んだとはいえ、顧客からの注文書や取引先からの見積書など、まだまだ紙でやり取りされる情報は数多いと思います。そのため、ロボット化の対象となる業務で、OCRからデータ入力す

◎ハードウェアの小型化・低価格化◎

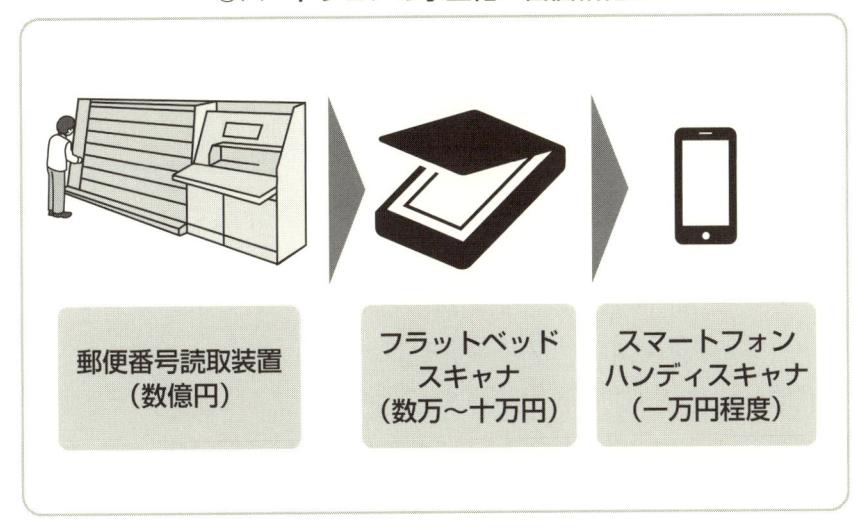

郵便番号読取装置
（数億円）

フラットベッド
スキャナ
（数万～十万円）

スマートフォン
ハンディスキャナ
（一万円程度）

◎手書き帳票の読み込みも可能◎

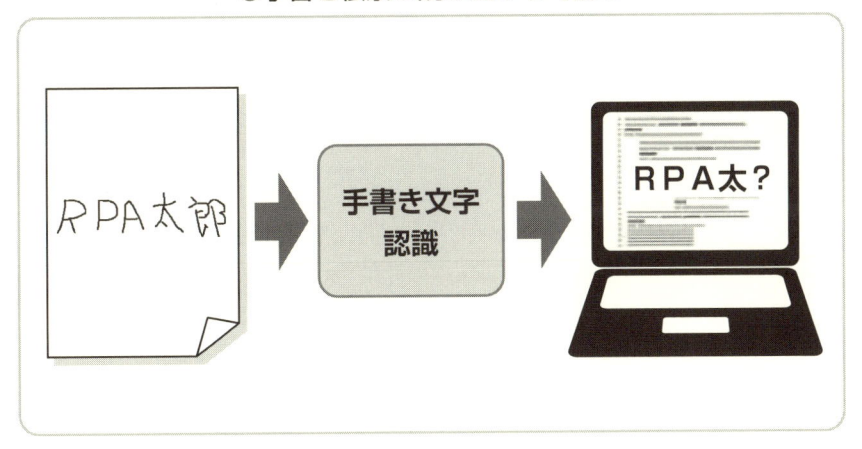

るものは、けっこう多くあります。

　たとえば、紙や画像データで送られてくる、取引先からの注文書を自社の販売管理システムに入力するようなことは、読者の会社にもある業務ではないでしょうか。

　この場合、紙を読み取るOCR機器やパソコン上の画像データを読み取るOCRソフトはRPAの重要な要素になります。

4 ｜ Webとアプリの自動操作技術

あたかもロボットが操作しているよう…

　ロボットがPCの前に陣取って画面を眺め、マウスやキーボードを操作する姿はなかなか面白そうです。

　もう30年以上前ですが、タイプライターのキーボードの上にボタンがアレイ状に並んだものを据え付けて、コンピュータにつなぎ、機械的にキーボード入力を再現するものを見たことがありますが、RPAではそんな姿を見た人はいません。RPAはロボットと呼ばれても、その実態はPCのなかに住む姿のないものなのです。

　では、手を持たないロボットがどうやって、マウスやキーボードを操作できるのでしょうか。これを実現するのが、Webとアプリの「**自動操作技術**」です。

　Webやアプリの自動操作技術は、ユーザーインターフェイスの自動操作技術として比較的長い歴史をもち、完成されたものです。

　Windowsなどのオペレーティングシステムは、マウスやキーボードからの入力や画面への出力等を、いったんドライバというソフトウェアに渡し、「どこで、なにを、どうしたか」というイベントに抽象化して処理しています。

　人間がキーボードをたたくと、イベントを通じてオペレーティングシステムにどのキーが押されたかの情報が伝達され、それをExcelなどのアプリケーションに伝えることで処理が進むわけです。

　RPAでは、キーボードやマウスの動きを表わすイベントを生成して、マウス操作やキーボード入力を模倣することを行なっています。そのため、RPAが動いている画面を見ていると、ひとりでに画面が変化するように見えるのです。

◎イベントでつないでいく、しくみ◎

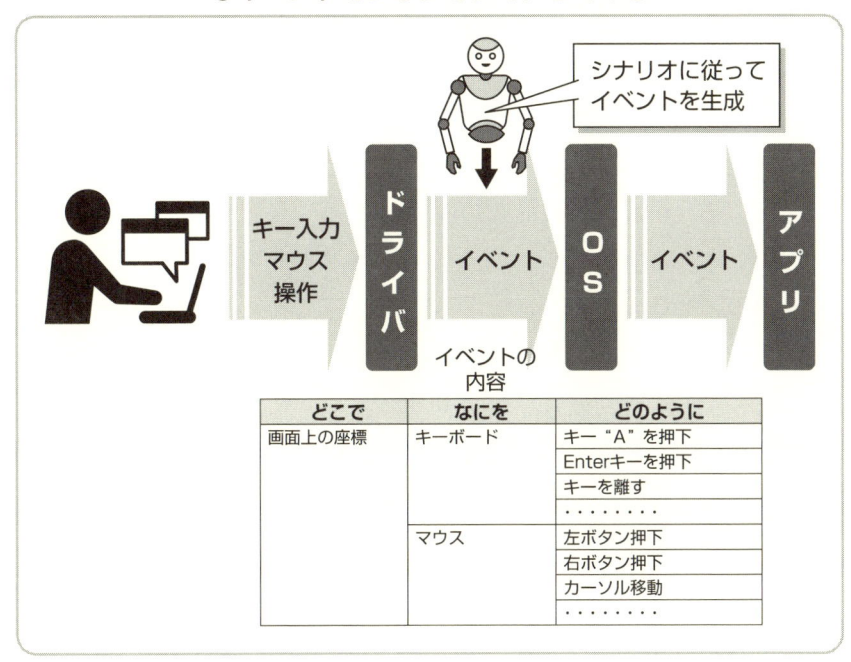

どこで	なにを	どのように
画面上の座標	キーボード	キー "A" を押下
		Enterキーを押下
		キーを離す
		・・・・・・・・
	マウス	左ボタン押下
		右ボタン押下
		カーソル移動
		・・・・・・・・

COLUMN

キーボード・ショートカットの活用

　Excelファイルを開くときは、ファイルが格納されたフォルダをダブルクリックして開いて、対象となるExcelファイルをダブルクリックして開くことが多いと思います。

　この場合、Windowsであれば[Windowsキー]＋[Rキー]を押し下げて、ファイルを[C:¥マイファイル¥RPA.xlsx]のように入力しても開くことができます。この[Windowsキー]＋[Rキー]は、キーボード・ショートカットと呼ばれ、100種類以上のショートカットが用意されています。

　これは、ロボットにとっては大変便利です。マウスを動かしてダブルクリックという操作は手順数が多いことと、画面サイズが変わるとうまく動かなくなることがあることから、ロボットは苦手とするからです。ロボットに手順を教えるときは、キーボード・ショートカットを活用しましょう。

5 自動プログラミングの技術

プログラム開発の歴史

コンピュータの始まりは諸説ありますが、第二次世界大戦中にイギリスの天才数学者アラン・チューリングが開発した暗号解読マシンはその１つでしょう。

2014年のアカデミー脚本賞を取った映画「イミテーションゲーム」をご覧になった方もいるかもしれませんが、このマシンは、ドイツ軍の「エニグマ」という暗号の解読に特化したものでした。

その後、1946年にアメリカでENIACというコンピュータが開発されました。

これは、プログラムを機械の外から与える方式で汎用性をもったものでした。処理性能は、いまとは比べる術もありませんが、プログラムがないと、ただの箱であるということは、いまも変わりません。

そしてその後、コンピュータの高速化・大容量化がすさまじく進んだため、いまではプログラムは数千万行に及び、プログラム開発専門のエンジニアを何百人も動員して開発するケースもざらに起きています。

プログラミングを簡単に

プログラムをつくることは、ＲＰＡではロボットに手順を教えることに相当します。

ＲＰＡは、もっと身近な小さな規模の業務を短期間に自動化するものです。

そのために、プログラム専門のエンジニアでない人々でもロボットに手順を教え込めるようにすることが望ましいのです。

プログラムの開発方法については、1950年代からいまに至るもコンピュータ科学の重要な研究領域です。機械語、アセンブラ、手続

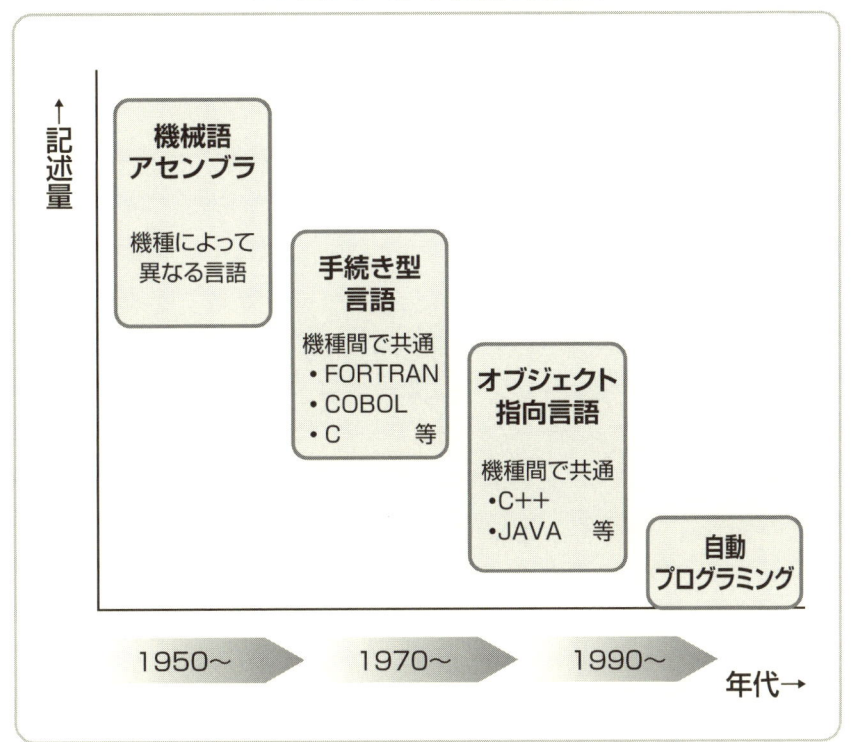

◎プログラミング言語の変遷◎

↑記述量

機械語 アセンブラ

機種によって 異なる言語

手続き型 言語

機種間で共通
・FORTRAN
・COBOL
・C　　　等

オブジェクト 指向言語

機種間で共通
・C++
・JAVA　　等

自動 プログラミング

1950〜　　1970〜　　1990〜　　年代→

き型言語、オブジェクト指向言語など、いろいろなプログラミング言語も実用化され、昨今ではプログラミングレスという技術も活発に研究されています。

　たとえば、フローチャートのような図形イメージで手順を書いて、これをもとにプログラムを自動生成する技術や、人間が行なった手順を記録しプログラムにする技術などです。

　この章のⅣ節のツールの紹介のところでも述べますが、これだという決定的な技術はなく、各社各様に工夫を凝らして、「簡単にロボットに手順を教え込める」ことをアピールしています。

　自分の持つプログラミングの知識・経験なども考え合わせて、フィットしたものを選ぶことが大切です。

6 人工知能の技術

人工知能を搭載した製品はこれから

　近年、「人工知能」は大変な盛り上がりを見せています。囲碁や将棋の高段者を破ったり、診察の大変むずかしい病気を言い当てたりといったニュースが毎週のように流れていますね。でも、人工知能は古くから研究されている技術なのです。

　人工知能研究の始まりは、1956年のダートマス会議といわれています。

　そのころは、コンピュータ自体は、いまと比べきわめて処理能力の低いものでしたから、実用的なシステムをつくるというよりも、ビジョンとして「こんなことができるはず」という話が多かったようです。

　コンピュータ自体が世の中に出たばかりで、大変新鮮なものであったので、コンピュータの上で人間の知的活動ができるんだという話が第1次ブームを引き起こしました。

　その後しばらく、穏やかになったのち1980年代の中盤ごろから、特定の分野の知識をシステムに組み込んだ「エキスパートシステム」が現われ、第2次ブームを引き起こしました。

　しかし、特定分野の知識をシステム上に表現するのは非常にむずかしいため、多方面の応用には至らず、このブームも潮が引くように去り、冬の時代を迎えました。

　現在、人工知能の第3次ブームを迎え

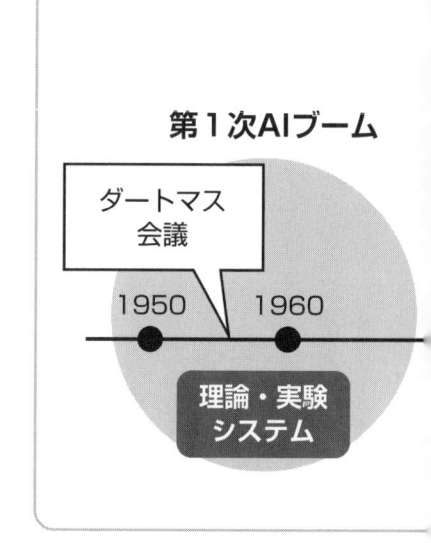

第1次AIブーム

ダートマス会議

1950　　1960

理論・実験システム

たのは、機械学習あるいはディープラーニングという技術が現われたためといわれています。

　この技術により、コンピュータ側が勝手に知識を蓄積して賢くなる道が拓け、圧倒的に適用分野が広がりました。

　人工知能同士が囲碁の対戦をして、どんどん強くなるのがよい例です。その反面、人工知能がいつか人間を超えるくらいに賢くなって、人間の仕事を奪う「シンギュラリティ」を心配する声も上がっていますね。

　2013年に、オックスフォード大学の先生が近い将来、ＡＩにとって代わられそうな仕事とそうでない仕事を論文に書いて話題になったことを、覚えている方も多いのではないでしょうか。

　ＲＰＡでは、現在のところ人工知能を搭載するレベルのものは製品化されてはいないようです。

　しかし、人工知能を搭載して、人間の教えによらず業務手順を習得して、自動的に業務をこなすロボットがそのうち出てくるかもしれません。待ち遠しいような、怖いような感じですね。

◎人工知能の研究開発の歴史◎

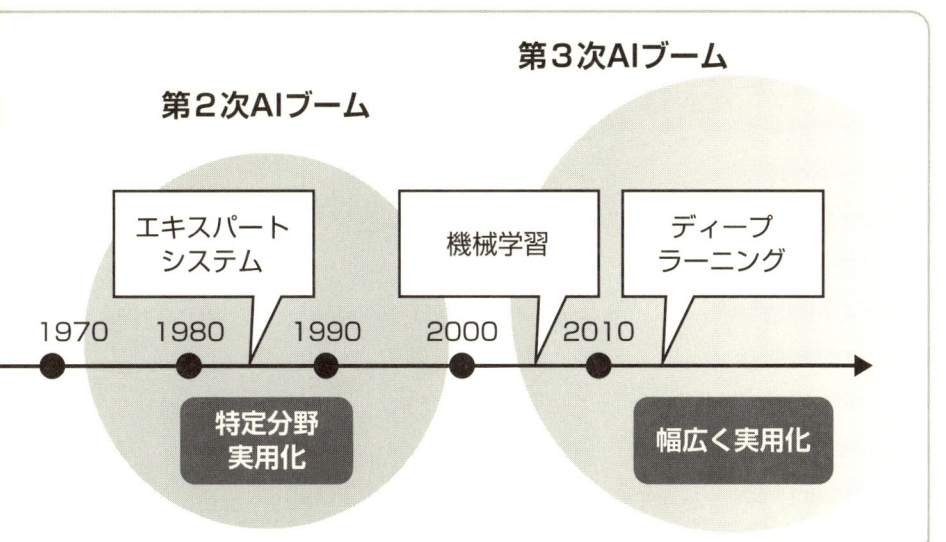

1 ┊ セキュリティのリスク

ロボットが勝手に動き出した!?

　ある朝、とある製造会社の経理部に勤めるＡさんは、自分が先週制作したロボットの動きを見て愕然としました。なんと、ロボットは経理部のサーバーにあるファイルを片っ端から消してしまっているのです。

　Ａさんがつくったロボットは、経理部のサーバーから複数のファイルを読み込んで数値を集計した資料を作成し、月次報告として経理部のサーバーに登録するというものでした。

　このロボットは、経理部のサーバーへ読み書きをする必要があるため、ロボットには書き込みもできるユーザーＩＤを与えてありました。

　あわてたＡさんは、情報システム部に駆け込んで、ＰＣのケーブルを抜き、ファイル削除は止まりましたが、消されたファイルの修復に数週間を要してしまいました。

ウイルスに感染されていた

　原因を調べてみると、ＡさんのＰＣがウイルスに感染し、ウイルスがＡさんのつくったロボットを乗っ取り、ロボットのユーザーＩＤを使ってファイルを消しまくっていたようです。

　ロボットに自分がしていた仕事を代行させるためには、ロボットにＩＤを与えることが多いです。しかし、ロボットは善悪の感情はもちませんし、自分のＩＤが乗っ取られてもおかしいと感じることもありません。

　また、ウイルスの悪意をもった挙動は、ＰＣ内部で人間の挙動を真似ているという意味で、ロボットの動きと似たところがあり、発見がむずかしくなる傾向にあります。

◎ウイルスの乗っ取りに気をつけよう！◎

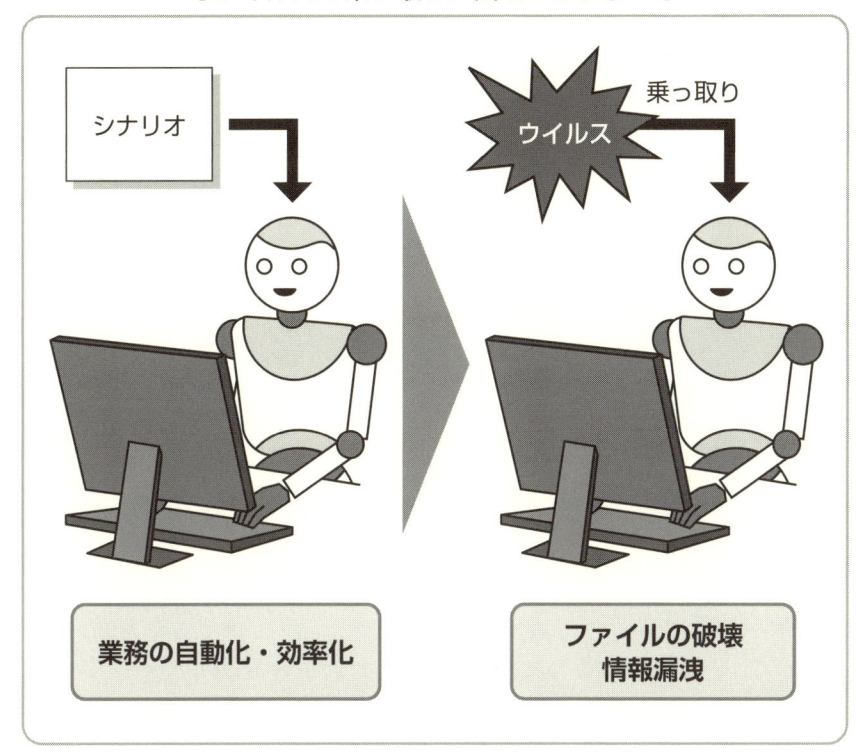

シナリオ

乗っ取り

ウイルス

業務の自動化・効率化

ファイルの破壊
情報漏洩

RPAの導入サイドで対策を講じる

　このようなセキュリティ事故を防止するには、ウイルスの乗っ取りを防ぐ事前対策と、挙動不審なロボットを早期発見する事後対策の双方が必要となります。

　ＲＰＡツールを販売している各社は、セキュリティについて大きな課題ととらえており、いろいろな対策を施した製品をリリースしています。

　しかし、一般的なセキュリティ対策と同じですが、ツールだけでは100％防ぐことはできません。

　ＲＰＡを導入する側が、ルールを守り、日頃から注意を怠らないことが重要なことはいうまでもありません。

2 接続システム変更時のリスク

人間ならわかることでも、ロボットだと…

前項の続きです。

ウイルス騒ぎの対策をやっと終え、快調に動作を続けるロボットのお陰でＡさんの業務効率もずいぶん向上し、これまでなかなかできなかった経営分析の仕事にも手をつけられるようになりました。

そんなある日、情報システム部から会社の情報システムの更新通知が送られてきました。けっこう大規模な更新で、経理関係のシステムもバージョンアップされるようでした。

情報システムの更新は無事に終わって、一息ついたＡさんですが、ロボット化した資料を締切日に確認すると、資料ができていないことに気がつきました。

調べてみると、まとめた数値をロボットが経理部サーバーに登録できずに、異常停止してしまったようです。

さらに状況を調べていると、システムのバージョンアップの際に経理部サーバーへのデータ登録画面が仕様変更され、ロボットが情報を登録する箇所を見つけられなかったためとわかりました。

人間であれば、新旧の画面の違いは目で追えば簡単にわかったとしても、頭の固い（？）ロボットは、そういう気を利かしてはくれないのです。

情報システム部門とのコミュニケーションを

このように、人間が操作している場合は問題とならない、アプリ画面の変更など、システム仕様の変更によって、ロボットの誤動作や異常停止を招くことがあります。

ＲＰＡツールを開発している各社では、稼動しているロボットの一覧表を管理して、ＯＳなどの変更情報を各ロボットの管理元に連絡し、動作の確認と事前の変更を促すような仕掛けを用意してい

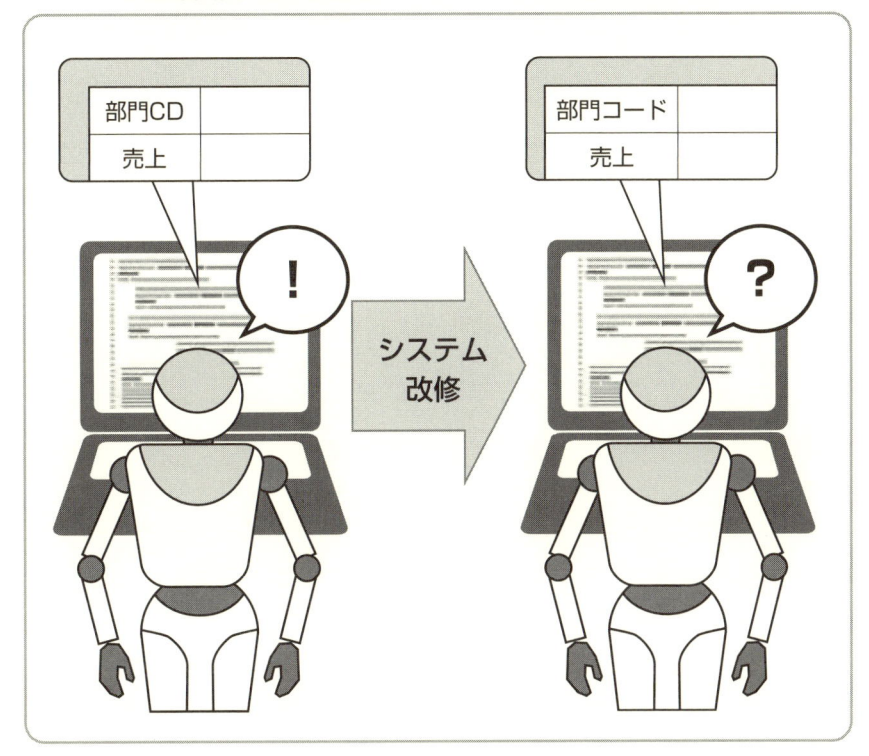

◎登録画面の仕様変更にロボットはついていけない!?◎

す。

　RPAを導入する会社では、これらの仕掛けを活用しつつ、情報システム部門を巻き込んで、運用の手順を決めることが大切です。

　情報システム部門とロボット開発部門が力を合わせて、システム側の変更情報とロボット側の対応状況を共有する、運用フローをつくりあげていくべきです。

3 野良ロボット発生のリスク

Aさんは引継ぎもせずに転職

さらに、話は続きます。

ロボットが順調に稼動を続けるなか、Aさんは仕事に対する自信を高めると同時に、もっといろいろなことができるのではないか、と考えるようになりました。

そんなある日、Aさんは大学時代の友人と再会し、友人が紹介してくれた会社へ転職をすることにしました。

けっこう急なことだったので、後任の人への引継ぎの時間もなかなかとれず、ロボットに関する件は、必要ならつくり直すだろうくらいの気持ちで、きちんと伝えずに退職を迎えました。

飼い主を失った野良ロボットは…

Aさんの退職後、残されたロボットはどうなるのでしょう。

管理する人を失ったロボットは「野良ロボット」と呼ばれます。ちょうど、飼い主がいなくなった猫が、野良猫と呼ばれるのと同じです。

野良猫には気の毒ですが、住民にとって迷惑な存在になることも多くあります。

これと同様に、「野良ロボット」も動作を管理してシステム変更等への対応を行なう人がいなくなるため、勝手に動作することになります。

これが情報システムの動作不安定を引き起こし、野良ロボットは会社の業務に支障をきたす存在になることがあります。

管理人不在の野良ロボットを発生させない

「野良ロボット」の発生を防止するには、前述したサーバー上でロボットの一覧を把握する機能が役に立ちます。

これに加えて、ロボットの登録制度をつくり、定期的にロボット

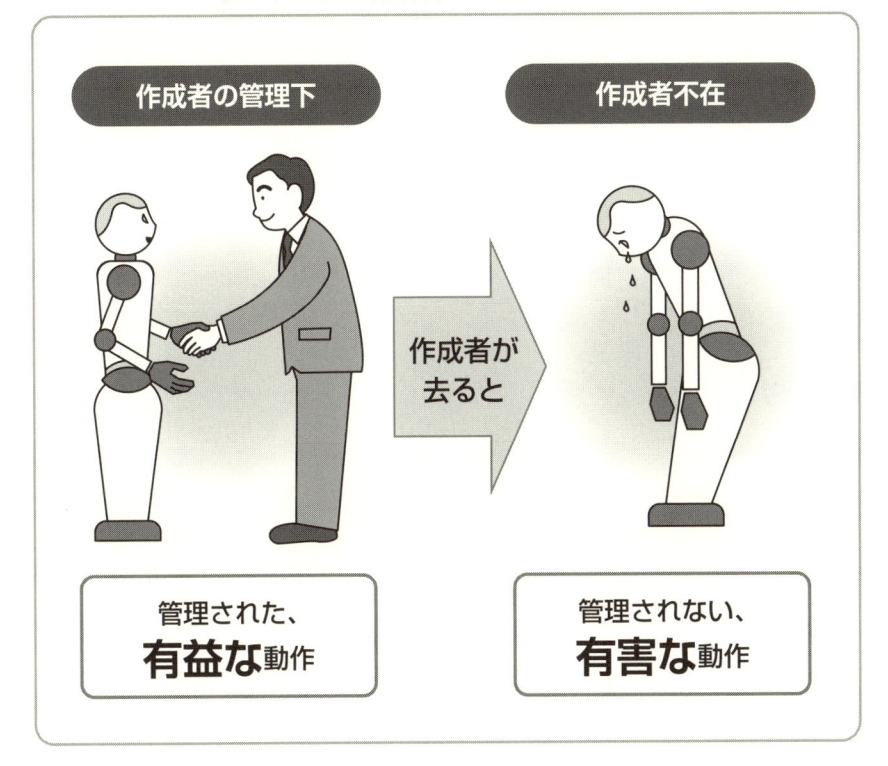

◎ロボットの作成者がいなくなると…◎

作成者の管理下 → 作成者不在

作成者が去ると

管理された、**有益な**動作

管理されない、**有害な**動作

の棚卸を行なって、管理人不在のロボットがいた場合は速やかに対策をとるようなことが必要です。

　RPA運用の要件として、簡単にアプリすなわちロボットが作成できることがあげられるのは、すでに説明したとおりです。

　とはいっても、ロボットをつくり放題つくって、あとは知らないという運用状況を許してしまうと、「野良ロボット」がはびこることになってしまうのです。

4 ＲＰＡのリスクとその対応策

ＲＰＡ運用のPDCAサイクルを回そう

　ＲＰＡは業務改善に有効な道具ですが、これまで述べてきたように以下のようなリスクがあります。

①悪意のある第三者に乗っ取られ、ロボットが持ち主に対して有害な行為をし始めるリスク

②システムの変更などによって、ロボットが突然停止してしまうリスク

③管理者の退職・異動などにより、管理者不在となって野良ロボット化するリスク

　ＲＰＡベンダーはこれらのリスクを十分に認識しており、ＲＰＡの稼動状況や登録状況などを監視する仕掛けを用意しています。個々のツールがどんな機能を持っているのかは、２章Ⅳ節のツール紹介のところで述べます。

　これらの機能を活用することはもちろん大事なことですが、ツールまかせだけでは、リスクは防ぎきれません。

　ＲＰＡを導入する社内では、次のPDCAサイクルを回せるようにすることが大変重要です。

- ●運用のルールを決め（Plan）
- ●ルールの実行を徹底し（Do）
- ●棚卸や監査を行ない（Check）
- ●ルールを改訂する（Actlon）

　そのためには、会社幹部のコミットメント、情報システム部門を巻き込むなどの、体制づくりにも取り組まないといけません。

　とはいっても、ＲＰＡはもともと現場の比較的小規模な業務を、

短期間で自動化することが特徴です。したがって、あまり重たい体制と業務ルールをつくり上げると、ＲＰＡ本来のメリットが失われてしまいます。

このあたりの、さじ加減はとてもむずかしいところです。適用範囲の拡大にあわせて、段階的に管理をきちんとしていく方法をとっている例が多いように思います。他社の事例を参考にするなどして、現実的な対処のしかたをとってもらいたいものです。

COLUMN タイミングの調整

　ＲＰＡのシナリオを書いていると、動作しないことや、動作が不安定になることがけっこうあります。簡単な例で説明しましょう。

　いま、①あるアプリを動かして、②現われた画面の所定の場所に表示された情報をゲットする、というものを考えます。このとき、①の操作を行なったのち、アプリの画面が現われるまで多少の時間がかかります。

　一方、シナリオのほうは自分のペースで②に移ってしまうと、アプリの画面が表示される前に、操作を行なってしまう可能性があります。

　一般的には、シナリオの実行速度のほうが、画面変化の速度より速いので、シナリオ側が時間調整をしないと、誤動作や動作不安定の原因になります。ＲＰＡツールには、さまざまな時間調整の仕掛けが用意してありますが、それらを使ってキチンと時間調整をすることが大切です。

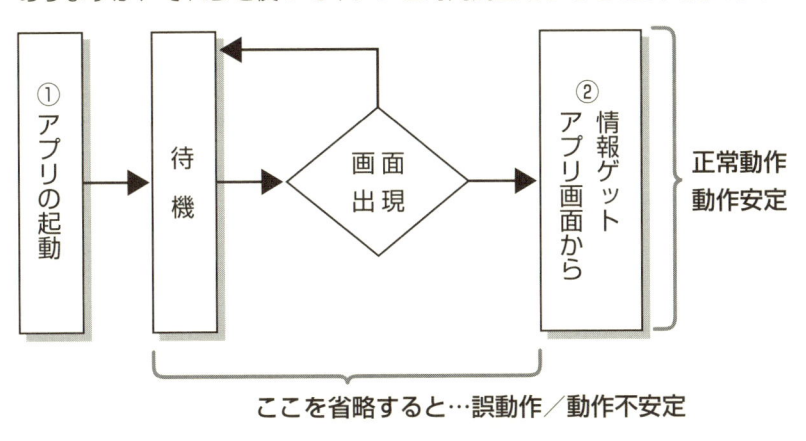

ここを省略すると…誤動作／動作不安定

1 ＲＰＡツールを選択するポイント

ＲＰＡは全社導入型か部門導入型か

　国内・海外のベンダーから、ＲＰＡツールは多数販売されています。また昨今、数多くの新興ツールが発表されており、まさにＲＰＡ市場は活況を呈しています。

　これらのツールにはそれぞれに特徴があるので、自社の導入形態やＩＴ技能レベルを踏まえつつ、身の丈に合ったＲＰＡツールを選択することが大切です。

　ＲＰＡの導入形態には大きく分けて、「**全社導入型**」と「**部門導入型**」があります。

　全社導入型は、本社が音頭をとって導入を進め、推進担当部署や責任者を決めてトップダウンで各部門へ展開していく方法です。

　一方、部門導入型は、現場の問題解決のために部門主導で導入を進めるもので、ボトムアップで展開が進むものです。

　ノウハウの横展開やしっかりとした運用管理といった面からは、全社導入型に分がありますが、現場のニーズをしっかりととらえたＲＰＡ化といった面からは、部門導入型に分があり、どちらかが優れているということはありません。

　全社導入型を採用する場合は、全社のロボットの開発状況や稼働状況などがサーバーで一望でき、運用管理が一元化できることが選択のポイントになります。

　一方、部門導入型では、対象とする業務の量が少なくなることから、低価格で導入でき簡単にロボットがつくれることがポイントになると考えられます。

　また、自社のＩＴ技能レベルもよく考えないといけないところです。シナリオの記述手段は、フローチャートのような「図式記述方式」やプログラミングに近い「スクリプト記述方式」があることは

◎全社導入型と部門導入型の違い◎

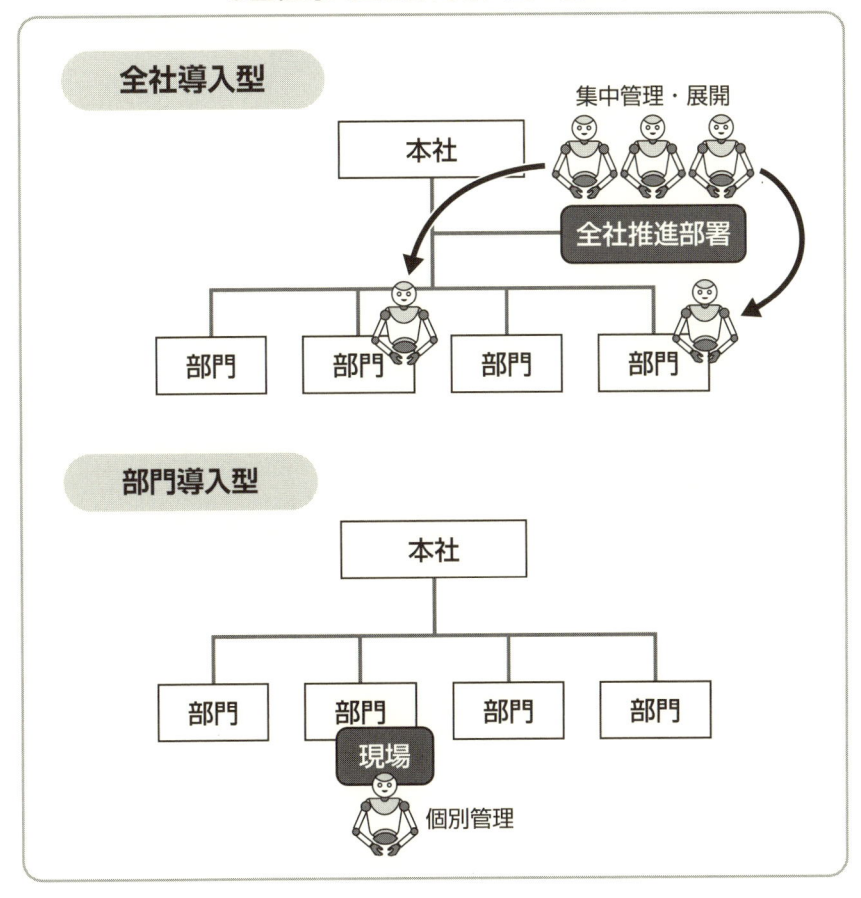

前に述べました。

　さらに、ツールベンダー各社はそれぞれユーザー教育のしくみを
もっており、ＩＴ技能が比較的低いユーザーに対しても、一定時間
の講習でシナリオが組めるようになると謳っています。

　これらの、記述方式や教育の違いに自社のＩＴ技能レベルが合致
するかどうかは、やってみないとわからない面があります。

　無料のトライアルを準備しているツールもありますし、展示会な
どでも実物に触れる機会はあるので、試してみてマッチするかどう
かを判断することをお勧めします。

2 RPAツールの分類

歴史的には3つのツールに分かれる

　RPAツールには、さまざまなタイプがあります。個々のツールの特徴については次項以降で述べますが、ここでは歴史的な観点からツールを分類してみたいと思います。

　RPAは、登場以来まだ20年も経っていない若い分野なので、歴史的というのは大げさかもしれませんが…。

①グローバルリーダ・ツール

　RPAは、2000年前後に市場に登場しました。「Kapow Software」「Automation Anywhere」「Blue Prism」「UiPath」などが相次いで製品化され、グローバルRPA市場の立ち上げと成長を牽引してきました。

　日本法人の立ち上げは、下記の国内先行ツールよりも後になっているようですが、グローバルの実績をテコに近年、強力なマーケティングを進めています。

　海外展開や海外企業との連携を考える中小企業にとっては、有力な選択肢となると考えられます。

②国内先行ツール

　日本市場の立ち上がりは、上記から10年ほど経った2010年ごろになります。日本市場をけん引したのは、RPAテクノロジーズ社の「BizRobo」と、NTTグループの「WinActor」が中心でした。国内に販売およびサポートのネットワークを築き、市場を盛り上げていきました。

　国内での実績を重視したい中小企業にとっては、これら国内先行ツールの導入も有力な選択肢となるでしょう。

③新興ツール

　RPAが日本において急速に注目され始めたのは、2017年くらい

◎3つのツールを比較してみると◎

分類	グローバルリーダ	国内先行	新興ツール
ツール例	Kapow Software Automation Anywhere Blue Prism UiPath 　　　　　など	BizRobo WinActor 　　　　　など	CELF RPA Autoブラウザ名人 MinoRobo BizteX cobit 　　　　　など
経緯	2000年前後に米国・英国などで製品化。海外市場中心に成長してきた。	2010年前後に、国内で販売開始。国内市場成長を牽引してきた。	RPA市場の活況を受けて、多くの新興ツールが登場してきた。
特徴	近年、海外実績もテコに国内でのマーケティングを強化。	国内での販売実績と販売サポート網の充実が強み。	価格帯を抑えて、市場に進出。
参照	5、6、7項	3、4項	8項

からです。それから現在までの短い期間に、RPAに対する注目度は飛躍的に高まりました。これに伴って、RPA市場には多数の新興ツールが登場しています。これらのツールは、さまざまな特色を打ち出していますが、価格帯を安く抑えているのが共通的な特徴のようです。

　特に中小企業にとって、価格は重要なアイテムの1つになると思いますので、こういった新興ツールも選択肢であるといえるでしょう。

3 「BizRobo」

ＲＰＡの草分け的会社制作のツール

「BizRobo」は、2008年に開始された業務アウトソーシング用ロボットの派遣サービスを起源とします。

このサービスが高く評価されたことから、2013年にビズロボジャパン株式会社（現 ＲＰＡテクノロジーズ株式会社）が設立されました。日本のＲＰＡ業界では草分け的な存在で、250サイト25,000体のロボット納入実績を誇っています。

2017年には、ビジネスで連携関係にあるアビームコンサルティング社が、BizRoboを活用した「ＲＰＡ業務改革サービス」で日経優秀製品・サービス賞の最優秀賞を受賞しています。

ＲＰＡテクノロジーズ社は、2016年に一般社団法人日本ＲＰＡ協会を立ち上げ、ＲＰＡの普及活動にも熱心に取り組んでいます。また、「ＲＰＡ Bank」というマッチングサイトを設け、「ＲＰＡ Summit」の開催など、ビジネス面での連携活動も推進しています。

BizRobは、BasicRoboといわれるＲＰＡツールとデジタルレイバーと呼んでいるロボットの総称です。BasicRoboは、サーバー型でロボットの動きを統括し、レコーディング機能をもったシナリオ開発環境を用意しています。

ＲＰＡテクノロジーズ社

の大角社長は、ＲＰＡをＩＴの目線からの業務コスト削減ではなく、「サービスレベルの改善」という人事の目線でとらえることを提唱しています。

そして、デジタルレイバーは、従来のＩＴ投資が対象にしてこなかったすそ野の業務を、働き場所にすべきであると述べています。

この考えのもと、地産地消型のＲＰＡセンターを日本各地で設立し、地域の中小・零細企業への従量課金型（ロボットが働いた時間だけ課金する形態）のロボット派遣事業を鋭意進めています。現在は広島・長崎・札幌にＲＰＡセンターがありますが、今後、地方自治体や地域の中核企業と連携して全国展開を進めていくとのことです。

ＲＰＡセンターのロボット派遣事業を受けたある会社では、研修を受けた女性社員２名が150種類ものロボット化業務案を企画したこともあるそうです。とにかく、100％の自動化は狙わず、例外処理は人間がカバーしてもかまわないので、体感してみることが大切であると力説しています。中小企業は大企業に比べ、体力やＩＴ技術力が十分ではない傾向にあるので、ロボット派遣事業のようなハードルを下げる事業には注目してほしいところです。

最優秀賞

業務効率化コンサルサービス「ＲＰＡ業務改革サービス」

アビームコンサルティング

システムの「ロボット」にホワイトカラーの単純作業を代行させる「ロボティック・プロセス・オートメーション（ＲＰＡ）」を使う業務改革サービス。コンサルタントがどの業務を自動化できるか診断する。新たな業務の策定から、ＲＰＡテクノロジーズ社のＲＰＡ「ビズロボ」を活用したシステムの開発、導入後の効果診断まで請け負う。内容によるがコンサル費用は100万円程度から。2017年１～９月下旬で約100社が導入した。

（ＲＰＡテクノロジーズ株式会社提供資料より）

4 ｜「WinActor」

国内最大規模のＲＰＡツール

　「WinActor」は、ＮＴＴグループで開発された国産のＲＰＡツールです。2010年にＮＴＴの研究所で、ユーザーの画面操作を楽にする目的で開発されたＵＭＳというツールを起源としています。

　ＵＭＳは、現場改革ツールとして、ＮＴＴグループ内に展開されました。回線契約手続き、キャンペーン専用の事務処理、電話回線の疎通確認など、さまざまな業務で活用され、評価も高かったことから、2013年にWinActorとして商品化されました。

　また、2017年にはWinActorの管理・統制ツールとして、「WinDirector」がＮＴＴデータから販売されています。

　WinActorは、200社の特約店を通じた販売・サポート体制と１万人規模の受講者実績をもつ研修・検定制度を有しており、1,200社超に約10,000ライセンスの導入実績をもつ、国内最大規模のＲＰＡ製品です。

　販売当初は、金融やアウトソーシング業が多かったのですが、最近は製造業が増えており、バックオフィスに限らず、生産管理に使う例もあるそうです。

　WinActorは、htmlの構造解析、画像認識、座標指定に加え、外部接続インタフェースを利用し、SAPや、COMPANYなどのＥＲＰやオフィスソフトに加え、「IBM　Notes」「intra-mart」「kintone」「AI-OCR」など幅広いソフトとの連携をサポートしています。

　シナリオ記述は、レコーディング機能が基本で、そこに動作を規定したノードと呼ばれるブロックを貼りつけて組み上げていきます。

　プログラミングの知識は不要で、パズル感覚で組み上げられる容易性と、日本語対応のわかりやすさが、ユーザーから評価されているとのことです。

　WinActorは、サーバー版とＰＣ版がありますが、WinDirectorを使えば、サーバー、ＰＣ双方のロボットを一括管理できるほか、登録シナリオを変更すれば、そのシナリオを利用するすべてのロボットの動作が変更される機能も備えています。

　WinActorは、技術的な内容もさることながら、ブランド力や全国をカバーする強力なサポート体制などの安心感も大きなセールスポイントであるといえます。

ユーザ部門でも操作可能！

操作しやすいGUIを完備し、プログラミングせず自動化が可能です。システム開発の実務経験がなくても安心してお使いいただけます。また、純国産で完全日本語対応しております。（英語版（OfficeRobot）も販売しております）

Windowsで操作可能なあらゆるアプリケーションに対応！

IE・Office製品（Excel・Access・Word・Outlook等）はもちろん、ERP・OCR・ワークフロー（電子決済）・個別の業務システムまであらゆるアプリケーションの操作が可能です。

PC1台からサーバーまで動作可能！

特別な環境構築は不要。PCへインストールすればすぐにお使いいただけます。インストール作業も、ファイルを実行していただくだけです。

すぐに始められるコンパクト設計！

最初は自動記録を使用して、いつも通りPCで作業をするだけ。実現しやすい箇所から業務改善を始め、段階的に業務自動化を広げやすいパッケージになっております。

日本全国安心の技術サポート！

NTTデータ・全国のパートナー企業がRPAの導入と運用をサポートします。また、NTTデータの技術認定を受けた技術者や講師も輩出しており、導入後のフォローも安心です。

手軽なコストでRPA導入可能！

手頃で充実したトライアルからRPA導入をスタートし、機能を体感していただけます。企業規模問わず、安心して業務効率化を始められます。

（「WinActorの特長」：株式会社ＮＴＴデータＨＰより）

5 「Automation Anywhere」

RPAのグローバルトップ3の1つ

Automation Anywhere社は、2003年に設立されたRPA専門企業で、米国カリフォルニア州サンノゼに本社を置いています。

「Automation Anywhere」は、「UiPath」「Blue Prism」と並ぶRPAのグローバルトップ3として世界中で1,000社以上の顧客をもち、60万を超えるロボット稼働実績があります。

日本で2017年から販売代理店をしている株式会社日立ソリューションズでは、自社内で幅広い業務にAutomation　Anywhereを適用し、月に2,300時間の業務をロボット化したとのことで、この実績をテコに国内での販売を展開しています。

Automation Anywhereは、サーバーでロボットの作成と稼動を一括管理する方式で、「野良ロボット」の発生を抑止しています。

また、画面の認識に加えて、アプリのデータを直接参照して連携する方式も備えており、画面仕様の変更などがあってもロボットが誤動作しないような配慮がなされています。

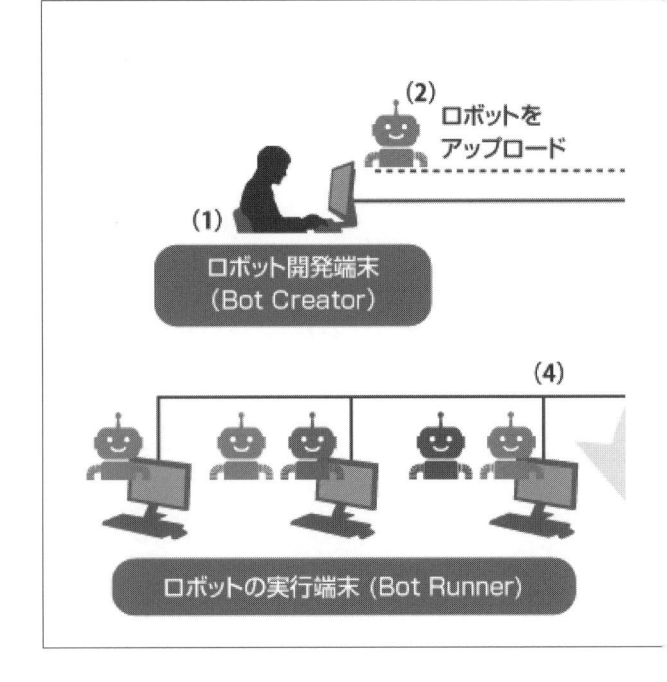

(2) ロボットをアップロード

(1) ロボット開発端末 (Bot Creator)

(4)

ロボットの実行端末 (Bot Runner)

　ロボットへ手順を教え込む方式としては、スクリプト型のロボット開発環境と、人の操作を記録するレコーディング機能をもっています。

　スクリプト型の開発環境は、フローチャートなどの図式を入力する方式に比べとっつきにくい面がありますが、ロボットの作成にはプログラミングの技量は必要としません。

　また、手順が複雑・大規模になると、図式入力にくらべ、スクリプト型のほうが生産性は高くなるとのことです。

　Automation Anywhereは、サーバーでの一括管理、スクリプト型の開発環境、アプリとのデータ連携方式の採用など、高度な機能を多数もっています。全社で導入し、比較的大規模なロボットを複数体開発するケースに向いているといえるでしょう。

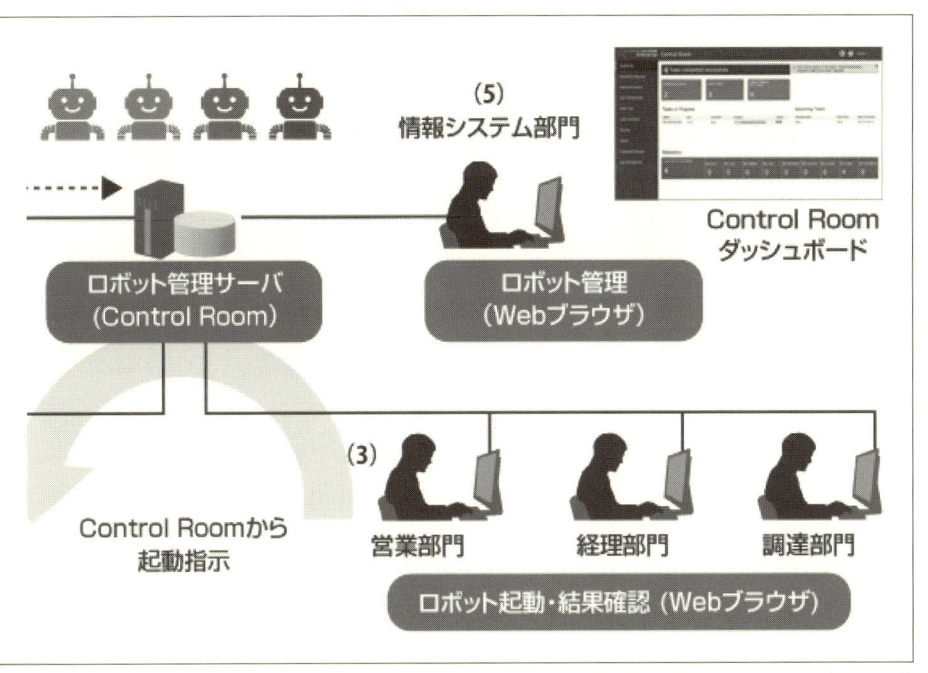

（「AutomationAnywhereの構成」：株式会社日立ソリューションズHPより）

6　「UiPath」

小さく始めて大きく育てる導入形態に最適なツール

　UiPath社は、米国ニューヨークに本社を置き、2013年にRPA
ツールを製品化しました。最初の顧客は、インドにある業務受託企
業で、その後著名なグローバル企業など全世界におよそ1,500社の
大規模ユーザーをもつまでに成長しています。

　日本法人の設立は2017年で、大手金融機関や大手広告代理店など
への導入実績を急速に伸ばし、国内法人設立後わずか1年半の2018
年7月末時点で450社のUiPathユーザーを抱えるまでになったとの
ことです。

　「UiPath」は、シナリオの作成、実行、管理などの諸機能をモジ
ュール化しており、それらをニーズに合わせて組み合わせることで、
小さく始めて大きく育てるような導入形態に対応ができるとしてい
ます。

　たとえば、はじめにPC上で個別に実行する形態での導入を行な
い、現場主導で業務のロボット化を進めていきます。

　現場での成功経験が蓄積され、次のステップとして全社展開をす
るという段階になったときにはUiPathのモジュールを組み直し、
数百体のロボットのスケジューリング、作業負荷管理、報告、監査、
監視を中央のサーバーで一手に行なう形態に移行する、ということ
です。

　また、画面がどれだけ読み込めるかが技術的なポイントで、Web
はもちろんのこと、SAPやSalesforce等の多数の外部システムの画
面も正確に読み取れると自負しています。

　UiPathは、日本市場重視の姿勢を明確に打ち出しています。日
本市場のボリューム感もさることながら、日本のユーザーが要求す
る水準は非常に高く、これらをクリアしていくことで、製品やサポ

ートの質的な拡充が図れると考えています。

　そして、日本の大手金融機関等の厳しい要求に応えてきた経験が、グローバル市場での成長のカギになると、UiPath社のCEOダニエル・ダインズ氏は語っています。

　現在のRPAは、単純な繰り返し業務の自動化にとどまっていますが、今後、特に日本のRPAは複雑かつ、繰り返し性の比較的少ない業務の自動化（ホワイトカラー型のRPA）に向かうだろうと、UiPathは見ています。

　そのため、機械学習や自然言語処理など人工知能の最新成果を、容易に利用できるような環境の構築に取り組んでいます。

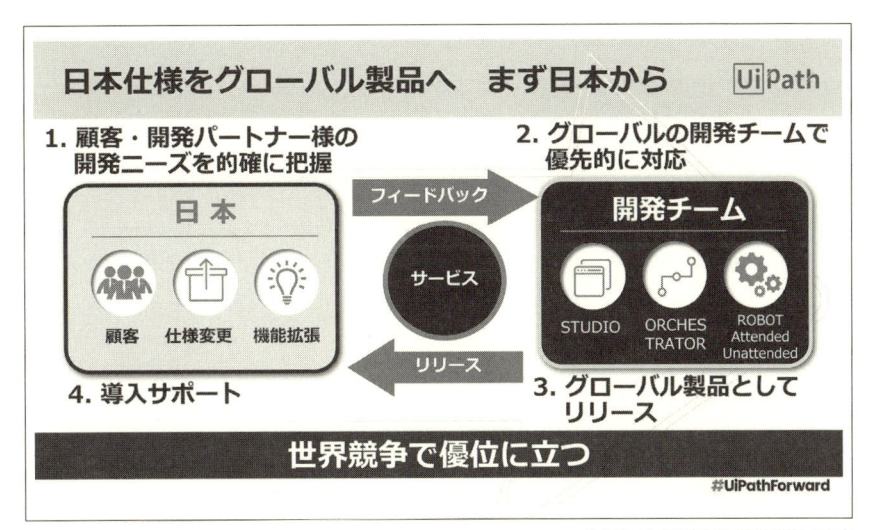

（UiPath株式会社提供資料より）

7 「Blue Prism」

コンプライアンスとセキュリティに自信をもつツール

　Blue Prism社は、英国で2001年に創立されました。

　設立当初は、英国の金融機関の業務改革の仕事をしていましたが、その成果が汎用化できるということに着目して、2005年に製品化しました。「Blue Prism」は、その生い立ちから、金融業界への導入が多数となっています。

　また、ＲＰＡツールのみならず、Robotic Operating Model（ＲＯＭ）という独自の方法論をもち、全世界で700社を超えるクライアントへの導入を支援しています。

　2017年には、日本法人を設立し、コンサルティングファームを中心としたパートナーを経由して、顧客開拓を精力的に進めているところです。

　Blue Prismは、コンプライアンスとセキュリティに最も自信をもっており、さらに拡張性と耐障害性に特長があるとしています。

　そのため、サーバー型のＲＰＡであり、多数のロボットを一括管理することができます。実際に、２人で350台ものロボットを管理している事例もあるとのことです。

　シナリオの作成については、レコーディング機能はもたせず、フローチャートで手順を記述する方式をとっています。

　シナリオの実行は、業務手順（プロセス）とＥＲＰ等にアクセスする詳細手順（オブジェクト）を分離する構成をとっており、複数の業務でオブジェクトを共有化できるようにしている

点も、Blue Prismの特徴です。

Blue Prismは、同時実行するロボットの数によって決まる、課金体系をとっています。

そのため、たとえば10台のロボットで課金されている場合、あるときは経理のロボットが8台、人事のロボットが2台、別のときは経理が2台で人事が8台というように、適用部署を組み換えて課金を抑えることができるそうです。

Blue Prismは、大手企業を中心とした全社横断型の業務改革に向けたRPAという性格が強く、導入体制やサーバー管理・シナリオ開発等の面で、中小企業にはハードルが高いところがあります。

しかし、Blue Prismを使って大規模なRPAシステムを組み上げ、それをシェアードサービスとして中小企業に展開する事例も、海外で登場しており、日本でも今後の展開に注目していきたいところです。

（Blue Prism株式会社提供資料より）

8 | 新興RPAツール

中小企業にもおすすめのツール

　2018年に入り、中小企業にも導入しやすい機能・価格帯の製品が多く登場してきています。

　ツールベンダーもクラウド型での提供やユーザーインターフェースを工夫するなど、さまざまな差別化を図っています。

　ここでは、中小企業にも導入しやすそうなツールをまとめてみました。

システム開発機能とRPAが合体、大衆普及型のRPAを標榜			
製品名	CELF RPAオプション	販売元	SCSK株式会社
販売開始	2018年	導入数	160社（CELF合計）
主な特徴	●Ｗｅｂアプリ開発環境（CELF）とRPAが融合して、業務効率化を1つで実現できる ●RPAオプションは年間35,000円（1端末）で提供される。大規模・大量処理ではなく、個人レベルのさまざまな業務自動化を狙った「大衆普及型」のツール ●CELFの特徴である簡単な画面操作で、専門知識がなくても一般ユーザーでシナリオ作成可能		
価　格	RPAオプション35,000円／年（1端末）。 他に、CELF本体が必要（初期費 0円、年額175,000円〜）		
URL	https://www.celf.biz/rpa/		

クラウドＲＰＡでスモールスタートが可能			
製品名	BizteX cobit	販売元	BizteX 株式会社
販売開始	2017年7月	導入数	1,100アカウント
主な特徴	●プログラミング知識がなくても簡単にロボットを作成できる ●常にアップデートされ、最新機能が使える		
価格	初期費用30万円、月額費用10万円〜（10万ステップ〜）		
URL	https://service.biztex.co.jp/		

WebEDIからＲＰＡツールに進化、メールやアプリにもシリーズで対応			
製品名	Auto ブラウザ名人	販売元	ユーザックシステム 株式会社
販売開始	2004年	導入数	650社（シリーズ合計）
主な特徴	●ブラウザ操作を自動化することでＷｅｂ経由の受発注業務やECサイトの管理などを自動化 ●Webに特化したAutoブラウザ名人、メール対応のAutoメール名人、Windowsアプリ対応のAutoジョブ名人をシリーズ展開		
価格	開発版16万円〜、実行版3.9万円〜（いずれも1年間の利用料）		
URL	http://www.usknet.com/		

使ってもらうための導入支援が充実！ SIerならではのＲＰＡツール			
製品名	ＲＰＡ MinoRobo	販売元	株式会社 Minori ソリューションズ
販売開始	2018年	導入数	（未公表）
主な特徴	●現場が使えるふだん使いのＲＰＡをめざして、システムインテグレータ（SIer）が自社開発 ●簡単かつシンプルなシナリオ作成画面で、ＰＣ１台からスモールスタートが可能		
価格	フル機能（オープン価格）、実行版（オープン価格）		
URL	https://minori-sol.jp/solution/airpa/mr/		

ロボットの始まり

　「ロボット」という言葉が初めて使われたのは、1920年にチェコスロバキア（当時）の小説家カレル・チャペックが発表した戯曲『R.U.R.（ロッサム万能ロボット商会）』だそうです。

　ロボットという言葉の語源は、チェコ語で賦役（強制労働）を意味するrobota（ロボッタ）と、スロバキア語で労働者を意味するrobotnik（ロボトニーク）から創られた造語です。

　その後、1950年にはSF作家のアイザック・アシモフが「人間への安全性、命令への服従、自己防衛」というロボットの3原則を発表しました。

　同じ1950年に日本では、手塚治虫が「鉄腕アトム」を発表し、その後、テレビ放送されて日本中にロボットを知らしめました。漫画やテレビドラマの世界では、「鉄人28号」や「ガンダム」など華やかなラインナップが並びます。

　一方、現実の世界では、製造ラインの自動化などで実用化が進み、20世紀の最終盤になって、ソニー「ＡＩＢＯ」やホンダ「ＡＳＩＭＯ」などが誕生しました。

　現実の世界は、アニメの世界の後追いでしたが、今後はどうなっていくのでしょうか。

3章

RPAを導入するときの
上手なすすめ方

執筆 ◎ 木佐谷 康

1 ＲＰＡの導入構想の考え方

ＲＰＡの得意技を知ってから構想を練る

　ＲＰＡの導入を検討する際に最も重要な点は、ＲＰＡの得手・不得手を理解したうえで、導入構想を策定し、導入から運用までＰＤＣＡサイクルを回すことです。

　現在のＲＰＡは、単体で自己学習することはできないので、間違ったシナリオを設定すればそのまま動き続けます。構想段階の検討が足りずに、ＲＰＡに向かない業務を任せたり、環境が変化したために実運用と合わなくなり使わなくなったという事例も少なくありません。

ＲＰＡはこんな仕事が向いている

　では、どんな仕事がＲＰＡに向いているのでしょうか？

　一般的には、コピーペーストや繰り返しが多い作業、突き合せや消し込み作業などが向いているといわれています。

　作業実行時に複雑な判断を必要としない、同様の作業が連続するなど、業務フローをマニュアルに落としやすい作業が、ＲＰＡの得意な業務です。

　実際にＲＰＡを導入する際には、人間が行なっている業務をステップごとにツールに設定していくので、条件分岐が多い業務や通常処理から外れるエラー処理が多い業務は、ＲＰＡに設定する作業（シナリオ）も複雑になります。

　また、導入時の設定だけでなく、運用や周辺環境が変わった場合の修正も大変です。

　特に、パイロット導入でＲＰＡの評価をする場合は、あまり複雑ではない業務を選んで効果を測定し、運用時の負荷などを検証してから、本格導入に移行していくことがＲＰＡ導入を成功に導くポイントの１つです。

◎ＲＰＡが得意な作業と代表的な業務例◎

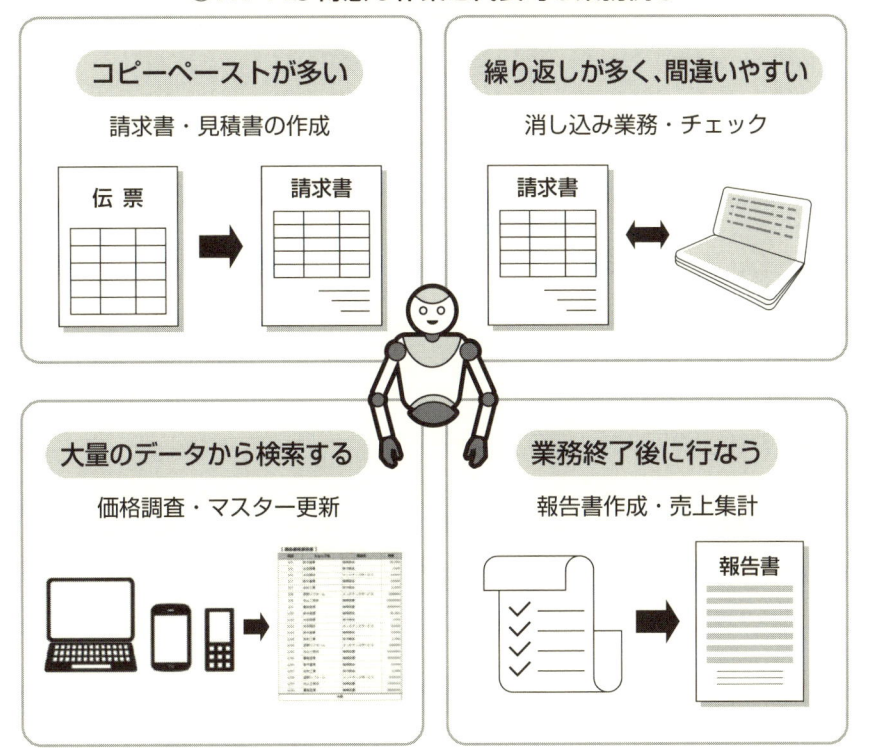

コピーペーストが多い
請求書・見積書の作成

伝票 → 請求書

繰り返しが多く、間違いやすい
消し込み業務・チェック

請求書 ⇔

大量のデータから検索する
価格調査・マスター更新

業務終了後に行なう
報告書作成・売上集計

報告書

COLUMN デジタルレイバーとは

　ＲＰＡやＡＩを利用して人間が行なっている定型業務を自動化するソフトウェアなどは、「デジタルレイバー」と呼ばれています。教えたことは間違いなく実行し、24時間不眠不休で文句も言わずに働いてくれるデジタルレイバーは、人手不足の救世主といっても過言ではありません。

　ただし、デジタルレイバーといえども万能ではありませんから、その性格（？）をよく理解して仕事を頼まないといけないのは、人間に対する場合と同じです。大学を卒業したばかりの新入社員に仕事をイチから教え込むような意識で育てていけば、デジタルレイバーはあなたの仕事を的確にサポートしてくれる重要な戦力になってくれることは間違いありません。

2 ＲＰＡの企画提案のしかた

企画段階から現場を巻き込む

　ＲＰＡに頼む仕事のイメージがつかめたら、ＲＰＡ導入に向けた企画提案について考えます。ＲＰＡ導入には、経営層、ＩＴ管理者、業務担当者など、関係者が多いので、企画書をつくって関係者全員の意識を合わせておくことが重要です。次ページに導入企画書の構成例をまとめておきますので、参考にしてください。

企画書に盛り込む具体的な内容は

①**ＲＰＡ導入の背景と目的**…ＲＰＡを導入するきっかけは、コスト削減や生産性向上、ヒューマンエラーの削減など、さまざまなケースが見られます。いずれの場合も、現場担当者のヒアリングや業務分析などを通じて現状を分析したうえで、経営面での改善目標を設定して関係者の意識の統一を図ります。

②**ＲＰＡツールの検討方針**…ＲＰＡツールは、機能や動作環境により対応業務や運用が大きく異なる場合があるので、ロボットに対応させたい業務や運用方法を決めてから、ツールを絞り込みます。

③**導入プロジェクトの概要**…ロボットの性格やクセを理解するためにも、まずはパイロット導入で本格導入や運用のイメージをつかみ、体制や業務内容を見直したうえで、本格導入に進みます。プロジェクトのスケジュールは、業務への影響を考慮して余裕をもって考えましょう。

④**運用方針**…ロボットは教えられた仕事しか遂行できないので、環境や業務に変更があると調整が必要になります。ロボットを開発する体制や本番移行時のルールなどをしっかりと決めておきます。

⑤**予算と想定効果**…導入時の初期費用だけでなく、定常的な運用費用についても忘れずに予算化します。ＲＰＡ導入により削減できる人件費や時間などを想定して、費用対効果を算定します。

◎「RPA導入企画書」の構成例◎

RPA 導入企画書

第1章　RPA 導入の背景と目的
1-1　　背景
1-2　　ビジネス上の課題
1-3　　目的

> 現場の理解は不可欠なので、背景や目的を共有して意識を合わせます。

第2章　業務・システムの現状
2-1　　現行業務の主な機能と流れ、入出力データ
2-2　　システム構成
2-3　　現行業務・システムの課題

> 現行業務の分析は、ツールの選定や対象業務の決定にも影響します。

第3章　RPA ツールの検討方針
3-1　　業務面から見た機能要件
3-2　　運用面から見た非機能要件

> 業務の特性やロボットを動かす環境などから、ツールに求める機能を「機能要件」としてまとめます。
> 運用やセキュリティ面などで必要な要件を「非機能要件」としてまとめます。

第4章　新業務・システムの概要
4-1　　RPA 導入対象範囲
4-2　　RPA 導入後の想定業務プロセス
4-3　　RPA 導入後の関係者の役割
4-4　　現行業務への影響と対応策
4-5　　他システムへの影響と対応策

> RPA導入後の業務プロセスや関係者の役割、影響などを想定してまとめます。

第5章　導入プロジェクトの概要
5-1　　業務別の優先順位
5-2　　導入体制
5-3　　導入スケジュール
5-4　　本番移行の判定基準
5-5　　コンティンジェンシープラン

> RPAを導入する際は、パイロット導入で業務への影響度を確認しながら、徐々に本番展開していきます。万が一、うまく動かなかった場合に緊急で代替する対応方法を「コンティンジェンシープラン」として考えておきます。

第6章　運用方針
6-1　　運用体制
6-2　　テスト環境・本番環境の運用方針
6-3　　ロボット開発・本番展開の運用方針
6-4　　教育方針

> 人間に管理されていない「野良ロボット」を発生させないためにも、開発体制や本番移行方針などの運用方針は重要です。

第7章　想定リスクと対策

> RPA導入によるリスクを洗い出しておきます。

第8章　予算と想定効果
8-1　　初期費用
8-2　　運用費用
8-3　　費用対効果

> これまで手作業で行なっていたときに発生していたミスをリカバリーするための人件費も、大きな削減効果を生み出す場合があります。

3 ＲＰＡの導入形態と適用業務

適用業務からＲＰＡの導入形態を決める

　ＲＰＡの導入を進める際のポイントの１つがツールの選定です。ＲＰＡツールは、稼働環境や製品の特長、契約形態などにより、得意分野が異なるため、ツールの詳細機能の検討に入る前に、自社で適用予定の業務に合った導入形態を考えておくことが重要です。

稼働環境や設定方法、契約形態による分類

①稼働環境による分類…デスクトップ型とサーバー型

　ＲＰＡツールが稼働する環境＝機器により、デスクトップ型とサーバー型に分かれます。ＰＣ上で稼働するデスクトップ型は、導入しやすい反面、ロボット同士の連携や全社で稼働するロボットの一元管理が苦手な場合があります。一方、サーバー型は導入時のハードルは高いものの、連携や一元管理は得意な製品が多いです。機能も、サーバー型のほうが充実している傾向にあります。

②設定方法による分類…フローチャート型とスクリプト型

　ＲＰＡツールの設定をする際に、業務プロセスをブロックのように組み合わせて定義するフローチャート型と、プログラミングのように１つずつのステップで記述するスクリプト型があります。前者は、プログラムの知識がなくてもわかりやすい反面、後から変更する際にブロックを開いて中身を１つずつ確認する必要があるため、ＩＴの知識のある人はスクリプト型のほうがわかりやすいといわれています。

③契約形態による分類…買取型、課金型、クラウド型、派遣型

　買取型は運用費用が安く、課金型（月額・年額）とクラウド型は初期費用が安い点は、一般的なＩＴツールと同様です。ＲＰＡならではの契約形態としては、自社の業務に合ったロボットを作成してもらい、派遣社員と同じように月額料金で派遣してもらうという派

◎導入形態にみるRPAツールの分類◎

稼働環境による分類

デスクトップ型
- 導入しやすい
- 比較的安価

サーバー型
- ロボット同士が連携可能
- ロボットが管理できる

設定方法による分類

フローチャート型
- 素人にもわかりやすい
- 業務が理解しやすい

スクリプト型
- IT部門に理解しやすい
- 変更時は対応が早い

契約形態による分類

買取型
- 運用費用が安くなる傾向
- 横展開しやすい

課金型
- 初期費用が安くなる傾向
- 横展開しやすい

クラウド型
- 初期費用が安くなる傾向
- 小規模導入向き

派遣型
- 初期費用が安くなる傾向
- 専門知識不要

遣型があります。ロボットを複数つくって、横展開を図る計画があれば買取型や課金型、部門や小規模の導入であればクラウド型や派遣型が向いています。

COLUMN ロボット派遣

　ロボットを新たな労働力ととらえれば、ロボットの派遣もこれから広がることが予想されます。任せたい業務に合わせて作成されたロボットを派遣してもらうのは、ＩＴの専門家が少ない中小企業に向いているかもしれません。ハートコア株式会社が2018年5月から始めた「ロボ派遣・ロボBPOサービス」は、ＯＣＲ機能搭載でエントリーまで可能なロボットを作成して、月額50円／枚でサポートまで行なってくれます。このようなサービスは今後増えるかもしれませんね。

4 対象業務の洗い出し

ロボットに頼みやすい作業とは

　現在の業務を洗い出す際は、以下のようなロボットに頼みやすい作業から優先順位を考えて検討します。

　1つの業務が複数の作業類型に該当する場合も多く、該当する作業類型が多いほどRPAの導入効果が高まります。

作業類型による分類

①転記型作業

　紙の資料からシステムへの入力、Excelからシステムへの入力など、再入力やコピーペーストなどの転記を行なっている作業は、RPAに最も適しているものの1つです。

②チェック型作業

　複数のファイルやデータを突き合わせて、数字や内容をチェックする作業です。入金の消し込みや交通費精算の確認作業が代表的です。

③レポート型作業

　経営層やお客様への報告書作成は、定型的な作業フローが多く、ロボットに任せやすい作業です。

④業後型作業

　別の業務の終了を待って、就業時間後に行なわざるを得ない作業は、従業員の労働時間削減に直結するため、RPAの導入効果が一層高まります。

⑤定期発生型作業

　日次、週次、月次など、定期的に発生する作業です。競合企業の価格情報や株価などのチェック作業のように、定点観測するタイプの作業も含まれます。その他の作業類型との組み合わせになることも多いです。

「対象業務洗い出しチェックリスト」の作成

　対象業務を洗い出す際には、以下のようなチェックリストを使って優先順位を考えると、ＲＰＡに適している業務が見つけやすくなります。

　複数の作業類型にチェックが付いた業務は、ＲＰＡに任せる作業が増えるため導入効果が高くなりますが、設定が複雑になる場合もあるので、パイロット導入として最初に取り組む場合は業務内容にも注意しましょう。

対象業務洗い出しチェックリスト

部門	業務名	作業類型				
		転記型	チェック型	レポート型	業後型	定期発生型
経理	入金管理		○			○
	交通費精算	○	○			○
人事	勤怠管理	○		○		○
	人事考課	○				○
営業	見積書作成	○				
	請求書作成	○				
保守	業務報告書作成	○		○	○	○
	作業指示書作成	○		○	○	

5 ベンダーの評価方法

誰から導入するか？

　ＲＰＡツールの導入ベンダーは、ＲＰＡツールを開発した「ツールベンダー」とシステムインテグレーターとも呼ばれるツールの「販売代理店」の大きく２種類に分けられます。

　それぞれ強みやユーザー側のメリットが異なるので、自社に合ったベンダーを選びましょう。

ツールベンダーの特徴

　ツールベンダーの強みは、何といってもツールの特性をよく理解している点です。

　導入時の設定や教育だけでなく、万が一のトラブルの際も、自社のツールに精通したエンジニアが対応することでスピードが速いという利点があげられます。

　ツールベンダーは１製品を販売している場合が多いので、ツールベンダーに導入を依頼する場合は、製品を自社で絞り込む必要があります。自社だけでの選定がむずかしい場合は、コンサルティング会社や中小企業診断士、ＩＴコーディネータに第三者の立場で評価に入ってもらうこともできます。

販売代理店の特徴

　販売代理店のなかには、コンサルティングを主力事業にしている会社や複数の製品を扱っている会社もあり、ＲＰＡツールごとの長所や短所を比較しながら自社に合った製品を提案してくれます。

　また、基幹システム（ＥＲＰ）や文字認識ソフト（ＯＣＲ）といったＲＰＡツールと連携するシステムを扱っている会社に依頼すれば、周辺システムと合わせてトータルで提案してくれる場合もあります。

　一方で、自社製品ではないために技術的な対応に時間がかかるケ

◎ユーザータイプ別のベンダー選定◎

自社で選定できるユーザー向け	➡ ツールベンダー
自社に合った製品を提案してほしいユーザー向け	➡ 販売代理店

ースもあるので、導入企業数や取扱い年数、エンジニアの数などで、RPAツールの取扱い実績を確認しましょう。

ベンダーチェックリストの作成

ベンダーを選定するときは、以下のような「チェックリスト」を作成して製品内容やサービスについて確認するとよいでしょう。

ベンダーチェックリスト

会社名：＿＿＿＿＿＿＿＿＿

カテゴリ		チェック項目	記入欄
取扱製品	自社製品	自社開発 or OEM	
	他社製品	製品名	
実績	販売	販売開始時期	
	導入	導入社数	
導入時	支援内容・体制	開発	
		教育	
運用時	サポート	製品	
		設定内容	
		追加開発	
連携製品	基幹システム	製品名	
	OCR	製品名	

1 プロジェクト全体の概要

鳥の視点、虫の視点、魚の視点

　ＲＰＡ導入の方針が固まったら、導入計画の作成に進みます。

　ＲＰＡ導入は、社内外のさまざまな関係者が関与するので、俯瞰的な"鳥の視点"で全体計画を考え、導入・運用などの各フェーズごとに"虫の視点"で詳細な内容に落とし込み、"魚の視点"で会社全体や経営の方向性に合わせていく必要があります。

ＲＰＡツールの導入前に重要なこと

　ＲＰＡ導入計画を検討する際に重要なポイントは、「**業務分析**」と「**標準化**」です。ＲＰＡツールの導入に成功した企業の多くは、業務内容をＲＰＡツールに設定していく前に、業務担当者へのヒアリングから業務そのものを分析して標準化＝マニュアル化しています。

　業務分析と標準化を通じて、現在の作業は本当に必要なのか、他の代替手段はないのか、より効率的にできないのか、などについて検討することで、ＲＰＡツールを導入する前に最適の業務フローを見直しておきます。このプロセスを経ることで、ロボットに依頼する作業を明確化し、手戻りや修正を避けることができます。

ＲＰＡツールの導入後に重要なこと

　ＲＰＡツールを導入した後は、**トライ＆エラーを短期間で繰り返**していくことが重要です。業務分析と標準化を入念に行なった業務でも、環境の変化や見落としなどで実際の業務と異なる点が後から発見されるケースは少なくありません。

　その際に迅速に対応しないと、手作業のほうが早い、簡単という理由でＲＰＡツールを利用しなくなる事例が見受けられます。特に、パイロット導入や部門単位での導入直後などのスタート期間は、早期対応に心がけるとともに、現場部門側にもトライ＆エラーの意識をもってもらうことで、利用されなくなる問題を回避します。

◎導入前は業務分析とマニュアル作成がポイント◎

> 業務分析後に標準化すれば不要・ムダな作業が見直せ、RPAツールに設定しやすくなります。

> 業務をヒアリングして、そのままRPAツールに設定するのは避けましょう。

◎導入後はトライ＆エラーの意識とスピード感がポイント◎

> IT経営を実現するためにITコーディネータ協会が策定している「ITCプロセスガイドライン」で定義されている戦略経営サイクルでは、経営レベルの「SPDLI経営サイクル」と事業レベルの「PDCA管理リサイクル」、業務レベルの「PDS業務サイクル」が提唱されており、RPA導入計画が「PDCA管理サイクル」、導入後のトライ＆エラーが「PDS業務サイクル」に該当します。

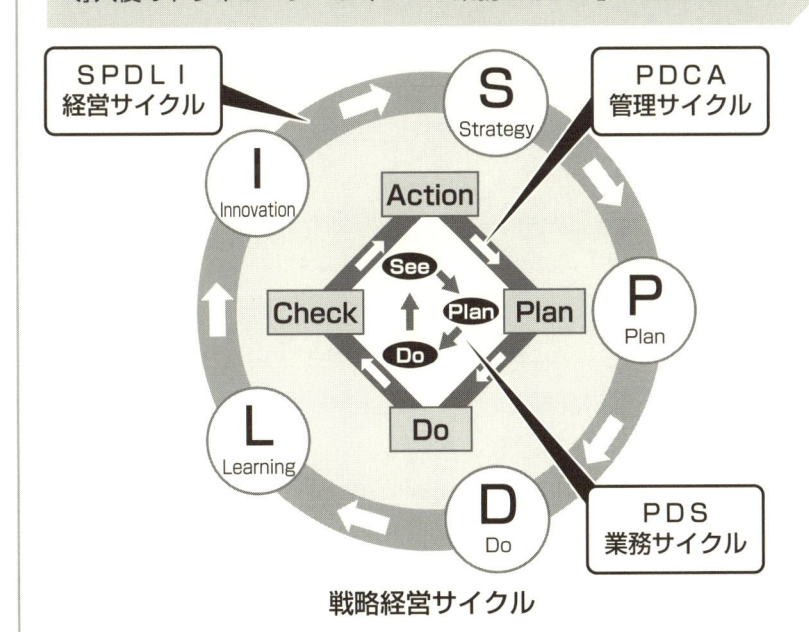

戦略経営サイクル

（ITコーディネータ協会刊「IT経営プロセスガイドラインVer.3.1」より引用）

2 全体工程と計画の策定

全体工程は2つのパートに分けて考える

　ＲＰＡ導入プロジェクトの全体工程は、大きく2つのパートに分かれます。

　最初のパートは、導入目的の確認、ＲＰＡツールの選定からパイロット導入の効果検証までで、会社や部門ごとにＲＰＡを導入する際に最低1回実施されるものです。2つ目のパートは、本格導入とその後の運用に関するパートで、ＲＰＡ導入後に何度も繰り返される部分です。

導入目的の確認からパイロット導入の効果検証まで

　次ページの全体ステップ図のStep 1～7までは、ＲＰＡ導入プロジェクトメンバーが中心となって進めます。社内外の関係者が参加するため、各担当者の個別の意向や部門の都合などに振り回されないためにも、導入目的を再確認し、全体最適を考慮しながらプロジェクトを進めることが重要です。

　また、本格導入後に発生するリスクを最小限に抑えるためにも、業務担当者の積極的な参画とイレギュラーケースの洗い出しをしっかりと行ないます。

本格導入と効果検証、見直し

　本格導入に移行した後は、効果検証と見直しを定期的に実施する運用が必要です。業務環境は常に変化しているため、一度設定したロボットが動かなくなることも想定しておかなくてはなりません。

　また、ロボット開発を現場に任せた場合、全社で管理されない、いわゆる「野良ロボット」により、想定外のトラブルが発生するリスクも考慮します。

　管理ルールの設定・変更や利用方法の教育などを行ない、リスク管理を徹底します。

◎RPA導入プロジェクトの全体ステップ◎

Step1 導入目的の確認

RPA導入企画書で設定した導入目的を再確認し、関係者に徹底します。

Step2 対象業務の洗い出し

業務の特性や作業頻度、導入効果などを勘案して、プライオリティをつけて対象業務を洗い出します。

Step3 RPAツールの選定

自社の環境や業務内容に適したRPAツールを選定します。ベンダーごとに評価内容が異ならないように、評価項目を一覧表にして比較検討します。

Step4 パイロット導入

Step2で洗い出した業務のなかから、プライオリティが高く、比較的容易な業務をパイロット導入で確認します。導入前に業務分析とマニュアル化することが重要です。

Step5 課題分析と体制構築

Step4で確認された課題を分析し、本番移行・運用に向けた対策を実施し、体制を構築します。

Step6 本番移行

課題をすべて潰し、体制ができたことを確認して本番に移行します。

Step7 効果検証と見直し

本番移行後の効果を検証するとともに、予期せぬエラー等に対応して運用や体制を見直します。

Step8 本格導入

部門や業務を広げて、全社に展開します。

繰り返し

Step9 効果検証と見直し

本番導入時だけでなく、定期的に効果検証と見直しを実施します。

3 導入するための体制づくり

本格導入後の運用を考慮して体制をつくる

　ＲＰＡ導入プロジェクトは、プロジェクトリーダー、ツール提供者、ＩＴ管理者、業務担当者、ロボット開発者など、社内外のさまざまな関係者が関わります。

　それぞれの役割と担当範囲を決めて、隙間や重複が生まれないように注意します。

　体制を検討する際に重要なのは、導入当初だけでなく、本格導入後に誰が運用するのかを考慮して設計することです。

　特に、ロボット開発の担当者は、ツール提供者、ＩＴ管理者、業務担当者、ロボット開発専門組織など、さまざまな形態が考えられます。

現場に近いところでロボットを開発する

　ロボット開発は、パイロット導入では外部の開発会社に依頼するケースが多いでしょうが、本格導入後は、現場部門でロボットを開発すれば、以下のように３つのメリットが生まれます。

　また、現場部門で開発がむずかしい場合は、社内にロボット開発の専門組織をつくることも検討します。

①コストと時間を短縮できる

　開発会社に支払うコストだけでなく、業務ヒアリングや確認の時間も削減できます。

②導入後の変化に対応しやすい

　導入後に環境や仕様が変わった場合でもスピーディに対応することが可能になり、ＲＰＡツールの導入効果が高まります。

③業務改善の意識が生まれる

　業務担当者がロボット開発に関わることで、自らの業務を分析・改善する意識が生まれます。

◎ＲＰＡ導入プロジェクトの主な登場人物◎

プロジェクトリーダー

RPA導入プロジェクトの企画策定や全体の取りまとめが主な役割で、経営企画部門などが担当することが多いようです。

ツール提供者

RPAツールを開発したベンダーや販売代理店、コンサルティング会社など、RPAツールを提供してくれる社外の関係者です。

IT管理者

RPAツールを導入する際の環境設定や連携システムとの調整、セキュリティ管理などを担当します。

ロボット開発者

RPAツールの設定を行ない、業務を自動化する担当者です。パイロット導入では、ツール提供者の支援を受けることが多いですが、本格導入後に誰がロボットを開発するかが、最も重要な検討項目となります。

業務担当者

RPAツールを導入する業務を担当している部門です。

◎現場がロボットを開発するメリット◎

現場でロボットを開発することで、ヒアリングと設計内容の確認の時間が削減できます。

開発会社に依頼する場合	ヒアリング	ドキュメント化	確認	ロボット開発	テスト	リリース

現場で開発する場合	ドキュメント化	ロボット開発	テスト	リリース

4 予算管理のポイント

ポイントはＲＰＡツールの契約形態と運用形態

　予算管理の際に注意したいのは、将来的な拡張計画を意識したうえで、製品選定と予算策定を行なうことです。

　なかでも、ＲＰＡツールの契約形態と導入後のロボット開発を行なう体制によって予算は大きく変わってきます。初期費用と運用費用に分けて予算化しましょう。

　契約形態は、主に次の３つのポイントでチェックします。

①**課金単位…ＰＣ単位／サーバー単位、開発版／実行版**

　ＲＰＡツールは、ＰＣ単位とサーバー単位で課金される２つのタイプがあります。**ＰＣ単位**には、ＰＣ１台にロボット１台という機能制限がある製品もあり、全社展開の際にコストが上がる場合もあります。**サーバー単位**の製品では、１台のサーバーで複数台のロボットを動かせます。また、ロボットが開発できる**開発版**と、開発したロボットを稼働させるだけの**実行版**に分かれる製品もあります。

②**課金方式…買取型／年額・月額課金型**

　買取型は、ツールの使用権を一括で購入し、次年度以降はサポート費用を払う形態です。**年額・月額課金型**は、サブスクリプション型とも呼ばれ、利用している期間は継続的に同額の費用が発生するタイプで、現在のＲＰＡツールは年額・月額課金型が主流です。

③**稼働環境…オンプレミス型／クラウド型**

　ロボットを動かすＰＣやサーバーを自社内に設置する場合が**オンプレミス型**、クラウド上で稼働させる場合が**クラウド型**です。これまで普及してきたＲＰＡツールはオンプレミス型が主流でしたが、最近ではクラウド型も登場しています。

　運用形態は、ロボット開発を**自社で行なう**のか**外部委託**するかの違いで、外部委託の場合はロボット開発のつど費用が発生します。

◎ＲＰＡツールの契約形態と予算イメージ◎

ＲＰＡツール契約形態		予算イメージ
課金単位	ＰＣ単位	小規模導入では費用を抑えられる
	サーバー単位	全社導入の場合も追加費用が少ない
課金方式	買取型	初期費用は高いが、運用費用を抑えられる
	年額・月額課金型	一定金額で予算化しやすい
稼働環境	オンプレミス型	ＰＣやサーバー等の調達費用が発生
	クラウド型	クラウド利用料のみ

◎契約形態・運用形態別の初期費用／運用費用のイメージ◎

①ＰＣ単位／買取型／オンプレミス型のＲＰＡツールを導入し、ロボット開発を外部委託した場合

初期費用　　　運用費用

導入支援費用			ロボット開発費用
ＲＰＡツール費用（買取）			ＲＰＡツール保守費用
	ロボット開発費用	ロボット開発費用	ＲＰＡツール費用（買取）
ＰＣハードウェア費用	ＲＰＡツール保守費用	ＲＰＡツール保守費用	ＰＣハードウェア費用
	ＰＣ保守費用	ＰＣ保守費用	ＰＣ保守費用

②サーバー単位／年額型／オンプレミス型のＲＰＡツールを導入し、ロボット開発を内製した場合

初期費用　　　運用費用

導入支援費用			
ＲＰＡツール費用（年額）	ＲＰＡツール費用（年額）	ＲＰＡツール費用（年額）	ＲＰＡツール費用（年額）
サーバーハードウェア費用	サーバー保守費用	サーバー保守費用	サーバー保守費用
1年目	2年目	3年目	4年目

5 ＲＰＡ業務の人材育成

ＲＰＡ人材の育成が成功のキーポイント

　ＲＰＡの導入・運用に成功している企業の多くは、ロボット開発を担当するＲＰＡ人材を社内で育成しています。

　ＲＰＡツールは、ＩＴに詳しくない業務部門でも使える製品が数多く販売されていますが、業務が忙しくてロボット開発に手が回らない、人事異動で担当者がいなくなりロボットが動かなくなったなど、業務部門だけにロボット開発を委ねても運用が回らないケースが見受けられます。

　また、外部ベンダーに開発を任せた場合は、修正や新規開発のつど費用が発生し、時間もかかります。全社ベースで計画をつくり、ロボットが開発できる人材を社内で育てることが成功のカギです。

ＲＰＡ人材に求められるスキルとは

　では、ロボットを開発するＲＰＡ人材には、どんなスキルが求められるのでしょうか？　ロボット開発は、人間が行なっている業務をＲＰＡツールに設定して、ロボットに自動で作業させるものです。したがって、人間の業務をロボットがわかるように分解・分析して、指示する必要があり、観察力と論理構成力が求められます。

　たとえば、ノートに文字を書くという作業を考えてみましょう。いつもは無意識に行なっている作業も、ノートを取り出す、ページを開くなど、1つひとつの作業に分解して、ロボットに指示しなくてはなりません。

　また、ノートが見つからなかった場合、空きページがなかった場合、ボールペンのインクがなかった場合など、当初想定していた作業が完了しなかった場合のエラー処理も、あらかじめ想定して設定する必要があります。このように業務を分析し、ロボットに指示できる作業に分解、構成するスキルが必要となるのです。

◎ロボットに作業を指示するには◎

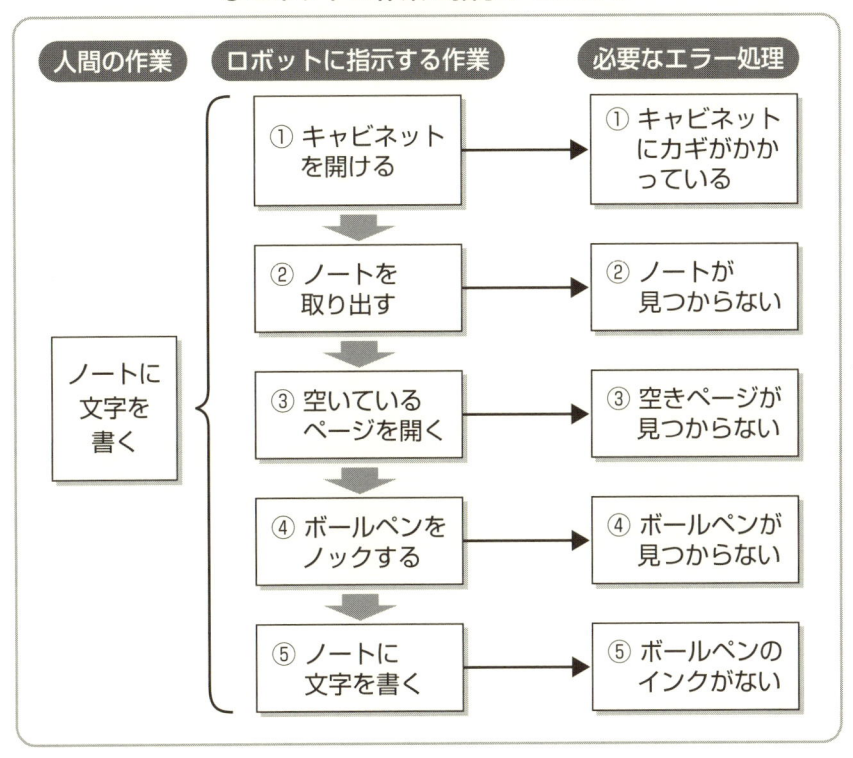

人間の作業	ロボットに指示する作業	必要なエラー処理
ノートに文字を書く	① キャビネットを開ける	① キャビネットにカギがかかっている
	② ノートを取り出す	② ノートが見つからない
	③ 空いているページを開く	③ 空きページが見つからない
	④ ボールペンをノックする	④ ボールペンが見つからない
	⑤ ノートに文字を書く	⑤ ボールペンのインクがない

COLUMN　RPAに関する検定制度

　RPAツール「WinActor」の販売元である株式会社NTTデータは、ヒューマングループと協業して、2018年5月から「RPA技術者検定™（WinActor）」を開始しました。本検定では、技術レベルを「プロフェッショナル」「エキスパート」「アソシエイト」の3段階に分けて、RPAツールの操作やロボットに作業させるシナリオの作成、解析・修正などについて、設問、実技、面接を通じて能力評価を行ないます。

　ユーザー企業内で人材育成する際に、このような検定制度を利用して個人がスキルアップを図ったり、会社として奨励制度を設けるなどの施策を通じて、RPA人材のすそ野を広げることがRPAツールの普及につながります。

6 パイロット導入のしかた

パイロット導入はスモールスタートが重要

　RPA導入までの準備が整ったところで、RPAツール導入後の業務分担やトラブル時の対応を確認するために、パイロット導入を行ないます。

　RPAツールは業務に直結しているため、思わぬエラーが致命的な影響を与える可能性があります。せっかく導入するのだからと、あれもこれもと欲張ってしまうと、エラーが発生した場合の影響範囲も大きくなるため、パイロット導入は必要最小限の範囲にすることが重要です。

　また、トラブルが発生した場合に確実に対応するために、業務担当者や情報システム部門だけでなく、ロボット開発者やツール提供者など、RPA導入の関係者がすぐに対応できる体制をつくっておきます。

パイロット導入の確認ポイントは

　パイロット導入の目的は、本格導入の際のリスクを最小化することなので、以下のようなポイントを確認していきます。

①導入環境

　ロボットを稼働させるPCやサーバーを社内に設置する際のシステム環境のほか、設置場所等の物理的な環境も確認します。

②周辺システムとの連携

　ロボットは社内システムやWebサイトなどと接続して作業することが多いので、ログインやデータの授受が確実に実行されるかを確認します。

③エラー処理

　最も重要な確認ポイントです。Webを表示する時間が予想より長い、データ入力する際に文字数の制限があるなど、人間が作業す

◎パイロット導入の実施手順◎

項　目	内　容	主なメンバー
①キックオフ	関係者が全員参加して、業務分担を再確認します。	プロジェクトリーダー 関係者全員
②環境設定	RPAツールをインストールして環境設定します。連携するシステムのアクセス権限も忘れずに。	ツール提供者 IT管理者
③業務ヒアリング＆設計	業務内容を確認し、ロボットに実行させる作業を設計します。	ロボット開発者 ツール提供者 業務担当者
④ロボット開発	ロボットの作業内容をRPAツールに設定します。	ロボット開発者 ツール提供者
⑤テスト	本番に近い環境でロボットを動かして、動作を確認します。故意にエラーを発生させてエラー処理も確認します。	ロボット開発者 業務担当者 IT管理者 ツール提供者
⑥効果測定	ロボットの処理時間などから本格導入時の効果を予測します。	プロジェクトリーダー 業務担当者

ると無意識に調整していた内容も、ロボットはエラー終了してしまいます。

④連絡体制

　社内だけでなく、社外の関係者との連絡方法や対応時間なども確認して、万が一のトラブルの際に備えます。

⑤導入効果

　ロボットの処理時間や処理スピードを計測し、本格導入した場合の導入効果を予測します。

7　本格導入のしかた

念には念を入れる

　パイロット導入でエラーをつぶして準備が整ったら、いよいよ本格導入です。

　パイロット導入でテストしたとはいえ、本格導入時には、思わぬエラーが発生することがあるので、過信は禁物です。

本格導入時に注意したいポイント

　これまで人間が手作業で行なっていた業務を自動処理するので、ロボットは臨機応変の対応や行間を察する忖度をしてくれません。

　本格導入時にトラブルになるのは、以下のような「違い」が原因になることが多いため、本格導入前に改めてチェックします。

①量の違い

　ロボットが取り扱うデータ量の違いにより発生するトラブルです。コピーするテキストが貼り付けるサイズを超えている場合やデータ量が多くて処理が終わらないなどのケースがあります。

②環境の違い

　アクセスするファイルの保存場所の違いやパスワードの違いなど、テストと本番の環境の違いによって、ロボットが正常に稼働しないトラブルです。

③時間の違い

　昼間にテストしていたが本番は夜間に実行する場合のように、ロボットを稼働させる時間の違いによっても、連携するシステムの処理が完了していないといったエラーになる場合があります。

④スピードの違い

　量や環境、時間の違いと同時に発生することが多いトラブルです。Ｗｅｂサイトの表示がＲＰＡツールの処理スピードと合わずにエラーになるようなケースです。

その1　　**関係者を巻き込む**

ロボット開発者、業務担当者だけでなく、ツール提供者や連携システムの担当者などにも、本格導入のスケジュールや移行方法などの情報を共有しておき、迅速に対応できるように準備します。

その2　　**ロボットに任せきりにしない**

複数の作業をロボットに実行させる場合でも、作業ごとにエラーをチェックする機能を付加したり、ロボットの作業の間に人間のチェックを加えることで、トラブルを最小限に抑えられます。

その3　　**コンティンジェンシープランを用意しておく**

ロボットが業務処理できずに業務が停止した場合に影響が拡大しないように、代替策の対応手順をまとめておきます。

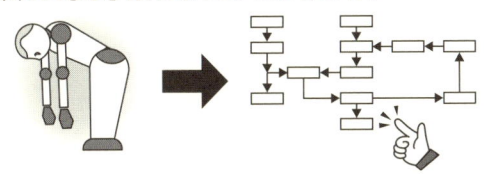

1 運用計画の立て方

RPAを定着させるためには

　RPA導入は、経営企画部門や情報システム部門などの複数部署の担当者が、プロジェクトチームで対応することが多いです。全社にRPAを定着して導入効果を高めるためには、**RPAを運用するしくみを組織内に構築する必要があります。**

　導入企画書策定の際に決定したRPA導入のビジョン・目的を再確認して、全社展開を図ります。

運用計画で確認する3つの体制

①RPA管理体制

　RPAは、業務担当者でも開発しやすく、導入効果も高いことから、現場主導で導入されるケースも多いです。現場主導で導入した場合でも、ロボットの開発や本番移行時のチェック、稼働しているロボットの管理などを、誰が、どんな手順で行なうのかを決め、全社に徹底します。

　また、ロボット開発者の異動や退職等でロボットへの指示内容がブラックボックス化しないように、設定内容をドキュメントにして、周辺環境や作業内容に変化があった場合でも、メンテナンスできるようにしておきます。

②連携システム変更時の連絡体制

　RPAは、複数のシステムと連携して作業を行なうことが多いので、基幹システムやWebサービスなどの連携システムのログイン方法やデータの長さ、クリックボタンの位置などに変更があると、動作しなくなるケースがあります。

　そこで、連携したシステムが変更されるときには、変更スケジュールや内容などについて、RPAの管理者にタイムリーに連絡が入る体制を構築します。

◎ロボットを開発する体制の選び方◎

ロボットを開発する体制は以下の3タイプがあり、それぞれのメリットとデメリットを考慮して自社に適したものを選びます。

タイプ	アウトソース型	現場主導型	専門部隊型
開発体制	ツールベンダーやコンサルティング会社などに依頼	導入部門がロボットを開発	IT管理部門や専門部署がロボットを開発
メリット	社内に経験者は不要で、すぐにスタートできる	コストと時間が削減でき、変更も柔軟に対応できる	ロボット開発者を社内で養成しやすい
デメリット	コストと時間がかかる	ロボット開発者の養成に時間がかかる	業務集中により、開発に時間がかかる

③エラーチェック体制

ロボットは、たとえ間違った処理でも、指示されたとおりに作業を続けます。

また、複数のロボットが連携するシステムの場合には、誤ったデータや処理に気づかないまま、作業をし続けるトラブルも発生するため、定期的にエラーをチェックする体制を確立しておくことも重要です。

COLUMN

ロボットを他社に販売!?

上表にあげた専門部隊型は、社内の複数部門がロボットを導入するような中堅企業、大企業に有効な体制といわれています。業界・業種で標準的な業務がある場合は、自社で開発したロボットを同じ作業を手作業で行なっている他社へ販売する会社も出てきています。

2 ＲＰＡ運用のポイント

まずはルールづくりから

　ＲＰＡツールを現場主導で導入した場合でも、全社で稼働するロボットを一元的に管理しておかないと、管理者不在のいわゆる「野良ロボット」が発生して、思わぬトラブルを起こすリスクが生じます。

　ＲＰＡツールのなかには、全社のロボットの稼働状況管理やロボットを動かすための権限が設定できる機能をもつ製品もありますが、管理機能をもたないツールを導入した場合でも、運用ルールは必ず策定します。

3つの管理タイプのなかから検討する

　ＲＰＡツールの機能・導入形態や体制と、ＲＰＡ管理者の関与度合いにより、以下にあげる3つの管理タイプがあります。

①報告型

　ロボット開発を現場主導型で導入した企業に多いタイプで、あらかじめ決められた情報を、導入部門からＲＰＡ管理者に報告する管理手法です。

　ＰＣ単独で稼働するデスクトップ型のＲＰＡツールを導入した場合に採用されるケースが多いです。

②統制型

　専門部隊がロボットを開発する企業に多いタイプで、ロボットの開発、本番移行などの管理は、すべて管理者が一元的に取りまとめます。

③情報収集型

　ＲＰＡツールの機能を利用してロボットの稼働状況などの情報を収集して、必要に応じて管理者が確認します。

　報告型と統制型の中間にあたる管理手法といえます。

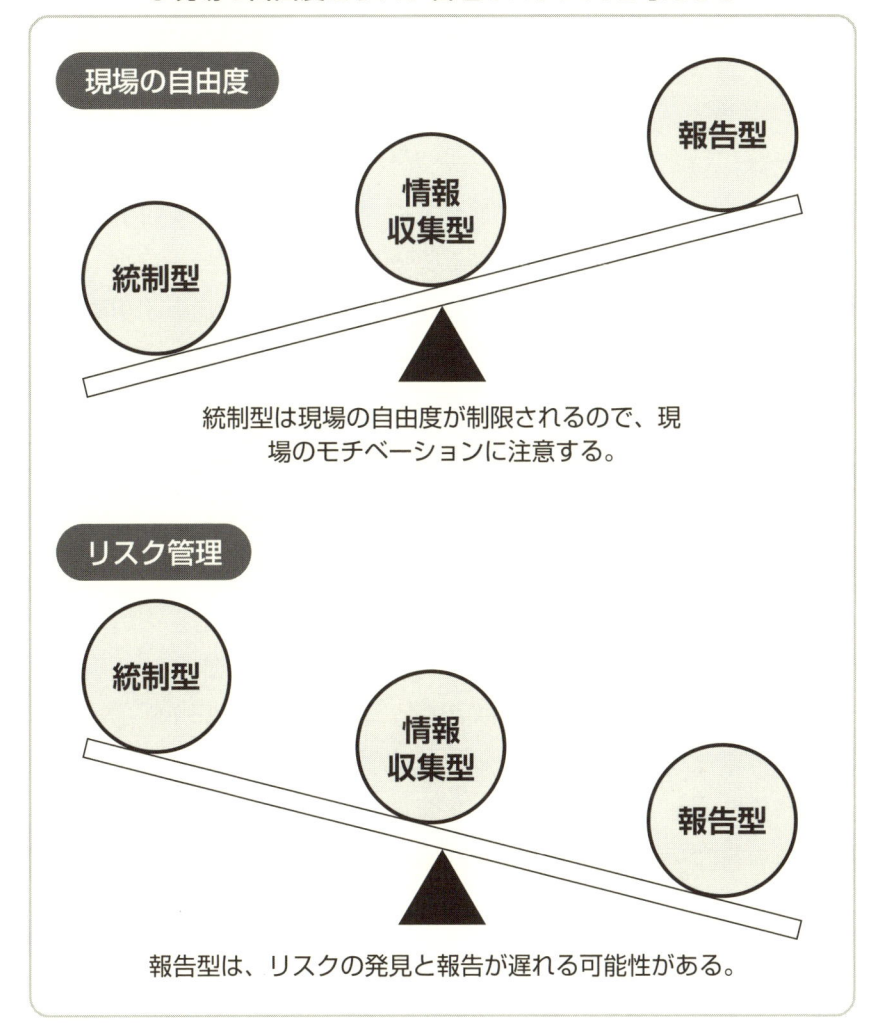

◎現場の自由度とリスク管理のバランスを考える◎

現場の自由度

報告型

情報
収集型

統制型

統制型は現場の自由度が制限されるので、現
場のモチベーションに注意する。

リスク管理

統制型

情報
収集型

報告型

報告型は、リスクの発見と報告が遅れる可能性がある。

継続的に教育にも取り組む

　ＲＰＡツールの導入効果を最大限に高めるためには、ロボット開発者を養成するだけでなく、業務分析・改善を継続的に実施する意識や体制を社内に浸透させることが不可欠です。

　そのためには、ロボット開発者の育成や業務担当者の教育だけでなく、経営陣や管理職も巻き込んで全社レベルで啓蒙を図ります。

3 ＲＰＡの効果検証のしかた

効果検証の重要性

　ＲＰＡ導入は、単なるツールの導入ではなく、生産性向上や働き方改革など、経営課題に直結する施策となります。

　導入効果の検証は、作業時間や人件費の削減といった直接的な定量効果だけでなく、顧客満足度向上や離職率低下などの定性面の効果も検証します。

　あらかじめ予測した効果が出なかった場合には、原因をしっかり分析し、早めに対策を講じることが重要です。

効果検証ツールや見直しサービスも登場

　最近は、ＲＰＡツール導入前後の業務の稼働状況を測定するツールも出てきています。

　また、ＲＰＡツール導入後のロボット稼働状況を診断してくれるサービスも登場しており、リスクやパフォーマンスの評価だけでなく、改善策を提案してくれるものもあります。

　自社だけでＲＰＡの効果測定や改善がむずかしい場合には、こうしたツールやサービスを活用し、コンサルティング会社などの支援を受けて、開発したロボットの効果検証や見直しを行なうこともできます。

ＲＰＡの運用定着を図るには

　ＲＰＡツール導入を成功に導くためには、継続的な業務改革の意識をもって運用定着を図ることが重要です。

　欧米では、トップダウンでＲＰＡが導入されることが多いのに対して、日本企業のＲＰＡ導入はボトムアップ型が主流で、現場の業務改善の延長としてＲＰＡが導入されることが多いといわれています。

　ＲＰＡの運用は、環境や業務手順の変更に合わせて継続的にメン

◎効果検証に織り込みたい項目◎

定量面、定性面に分けて、以下のような項目について評価、検証します（「↑」は数値が上がると効果が高まる、「↓」は数値が下がると効果が高まる項目です）。

定量面	**作業時間減少による人件費削減額（↑）** 最も検証しやすい項目です。ロボットに任せた業務の直接的な人件費だけではなく、エラー対応に係る人件費も算出します。
	処理量の増加による生産性向上（↑）とリードタイム短縮（↓） データ処理件数で生産性向上を測ることが多いですが、空いた時間で別の業務を行なうことによる生産性向上も見逃せないポイントです。
	自動化によるエラー発生件数とクレーム件数（↓） これまで手作業で行なっていた際に発生していたエラーやそれに伴うクレームの数を比較します。
	導入部門の残業時間の短縮（↓） 働き方改革を導入目的とした場合には、これは重要な指標です。
定性面	**リードタイム短縮、ミス削減による顧客満足度の向上（↑）** アンケート調査などで確認します。
	残業時間短縮による従業員満足度の向上（↑） アンケート調査のほか、離職率で確認することもできます。
	業務可視化による社員の業務改革意識の向上（↑） 従業員からの改善提案の数などで確認できます。

テナンスする必要があるため、業務担当者やマネジャーといった現場の業務改善の意識が重要です。

　日本が得意とするボトムアップ型の利点を活かして、ＲＰＡの運用定着を図ります。

4 運用におけるリスク管理

リスクになりそうな項目を把握する

　予算や要員の限界もあり、ＲＰＡの運用に伴って発生の可能性があるリスク項目のすべてに対策を講じるのはむずかしいです。しかし、リスク項目をあらかじめ把握しておくことで、実際に発生した場合には、迅速に対処することができます。

　また、導入したツールの特性や体制などによって、リスクが発生する可能性も変わってくるので、プライオリティをつけて管理しましょう。

カテゴリー別のリスク管理

　以下のようなカテゴリーで、自社のリスクを検討・管理します。

①ロボットの誤動作の見過ごしによるリスク

　ロボットの誤動作や誤った処理に気づかずに業務を継続することにより発生するリスクです。

②連携システムの変更によるリスク

　ＲＰＡが連携するシステムの変更によるロボットの停止や誤動作なども、発生しやすいリスクの１つです。

③ブラックボックス化によるリスク

　ＲＰＡツールの設定やロボット開発を特定の社員だけが理解している場合、その社員が異動や退職することでブラックボックス化してしまうリスクです。

④不正使用や誤動作による情報漏洩リスク

　ロボットが自動でメール配信等を行なっている場合に発生しやすいリスクです。

　権限のない社員が不正使用したり、ロボットが誤動作した際に、気づかないうちに社外に機密情報が送信されてしまうことで発生します。

◎代表的なリスク対応策◎

管理体制の確立

ロボットの稼働状況や連携システムの変更を把握する体制を確立します。

ドキュメントの作成

業務内容やロボットの処理内容などをドキュメント化します。

コンティンジェンシープランの作成

ロボットが停止した場合でも事業継続できるように、代替策を準備しておきます。

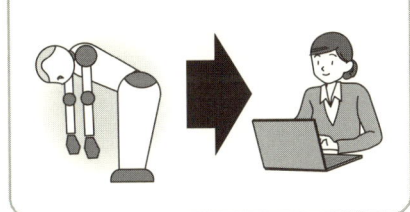

⑤ロボット停止時の業務停止リスク

　ロボットに業務を任せきりにした場合などに、ロボットが停止した際に業務が完全に停止してしまうことで発生するリスクです。

ツール提供者に聞くRPA導入の勘所

ツールベンダーやコンサルティング会社などのRPAツール導入を支援している会社に、導入の注意点を聞きました。

①ベスト1…業務改革の意識をもつ

RPAを導入して終わりではなく、導入をきっかけに業務改革を行なうという意識をもって、継続的な取組みを行なうというのが、一番多く聞かれた注意点です。ユーザックシステム株式会社の小ノ島尚博取締役は、「日ごろから手作業で行なっている業務を整理するクセをつけることが、経営改善のベースになる」といっています。

②ベスト2…スモールスタートする

RPAツールは、ITシステムと比べて導入・変更がしやすいため、スモールスタートで始めて、業務内容や環境に合わせて修正することを数多くのベンダーが強調しています。株式会社NTTデータでRPAソリューションを担当する中川拓也課長は、「苦戦されているユーザーは、管理の検討自体が目的になっている印象を受けます。軽く始め、社内の改善気運を盛り上げながら、うまくいった点を積み上げ、失敗した点を見直していくことが導入時のポイントです。管理・統制はもちろん重要ですが、これもスモールスタートで始め、徐々に高度化していくことをお奨めしています」と話してくれました。

③ベスト3…プロに相談する

「お客様の業務実態やご要望によっては、RPAツールよりシステムを導入したほうがよいケースや、他ツールとの組み合わせが有効な場合もあります。まずはプロに相談してください」とアドバイスしてくれたのは、株式会社Minoriソリューションズの開発担当者です。RPAツールの強み、弱みを理解しているプロに、早めに相談することも、導入時の大事な注意点といえます。

4章

RPAの導入事例を見てみよう

執筆 ◎ 木佐谷 康

1 ｜ ＲＰＡの適用範囲はどこまでか

事例に見る適用業務の決め方

　ＲＰＡの適用業務は、3章で見たように（98ページ参照）、「コピーペーストや繰り返しが多い」「大量のデータを扱う」「ある業務の終了後に行なう業務」など、対象となる業務の特性で決めている企業が大半を占めていました。

　作業時間（1回あたりの時間×頻度×人数）を重視した会社も多かった一方で、中小企業の場合は同種の大量な業務は少ないという面もあり、**業務担当者の要望を優先**したという企業も見られました。

　ＲＰＡの運用には、業務担当者の協力が欠かせないので、これは見落とせないポイントです。

ＲＰＡに任せやすい作業とは

　導入企業がＲＰＡに任せている作業を、3章で見た作業類型（98ページ参照）で分類すると、以下のような作業例があげられます。

①転記型作業

- 用意されたデータを（複数の）システムに入力する作業
- 紙の情報をデータ化してシステムに入力する作業
- 特定条件のデータを検索してシステムに入力する作業

②チェック型作業

- ネット検索やクローリングで大量データを取得する作業
- Ｗｅｂサイトを検索して条件に合ったデータを抽出する作業

③レポート型作業

- 複数のシステムのデータを集計してレポートを作成する作業

④業後型作業

- 業務中の作業結果を集計してレポートを作成する作業

⑤定期発生型作業

- 一定時間経過後に必ず実施しなくてはいけない作業

作業類型別にみるＲＰＡ導入のBefore／After

　ＲＰＡを導入する作業類型で最も多い、転記型、チェック型、レポート型の業務で、ＲＰＡ導入前後の業務を比較してみましょう。

	転 記 型	チェック型	レポート型
代表的な作業	１つのデータ（伝票）を複数のシステムに入力	入金データを請求データから消し込み	複数のシステムからデータを収集してレポートを作成
Before	伝票 → 👩‍💼 → システムA／システムB／システムC	💻 → 👩‍💼 → システムA → ✓✓✓	システムA／システムB／システムC → 👩‍💼 → 報告書
After	伝票 → 🤖 → システムA／システムB／システムC	オンラインバンキング → 🤖 → システムA → ✓✓✓	システムA／システムB／システムC → 🤖 → 報告書
導入効果	事務量・コスト↓ 人的エラー↓	事務量・コスト↓ 人的エラー↓	事務量・コスト↓

◎ＲＰＡと連携されることが多いシステム◎

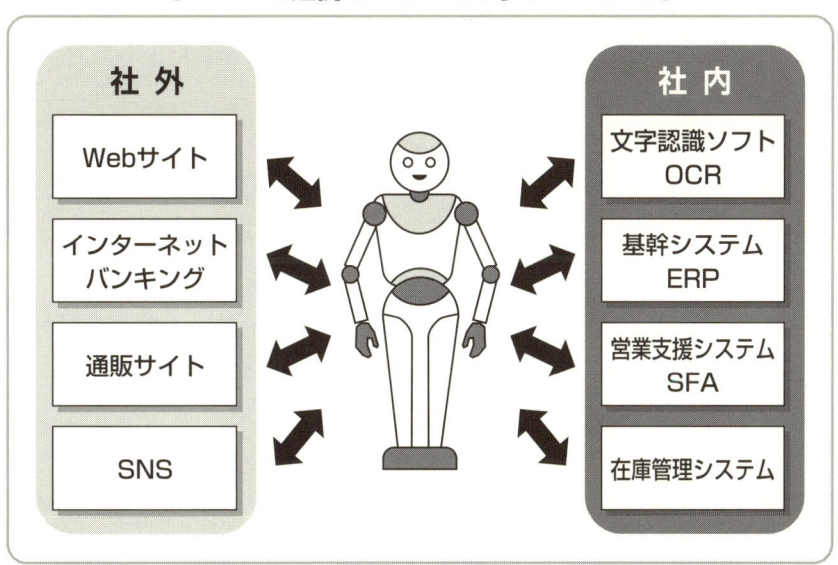

社 外
- Webサイト
- インターネットバンキング
- 通販サイト
- SNS

社 内
- 文字認識ソフト OCR
- 基幹システム ERP
- 営業支援システム SFA
- 在庫管理システム

2 | 部門・業務・目的別の適用範囲

部門や業務・目的からRPAの適用範囲を考える

次ページの表に、RPAを導入した企業の事例を部門と業務・目的別に分類してみました。自社の適用範囲や導入する業務を整理する際に、参考にしてください。

営業・マーケティング部門はチェック型の導入が多い

営業部門では、受注データの処理にRPAを活用している事例が数多く見られます。メールやEDIで受注したデータを社内システムに反映させる際に、ロボットに作業してもらうことで時間とコスト、エラーの削減を図っています。

また、競合商品の価格情報やテレアポのリストなどを複数のWebサイトから条件指定で抽出（クローリング）してくる「チェック型」も多くの企業が採用しています。

「レポート型」では、訪問予定の指示書に地図サイトから地図を検索して挿入する作業等で活用されています。翌日の作業指示は就業後に行なわれるケースも多く、残業時間短縮の効果も現われています。

管理部門では転記型で多く導入されている

経理部や人事部等の管理部門は、伝票や書類が多いことから、1つのデータを複数のシステムに入力する「転記型」による導入目的が多くなっています。

たとえば、輸出関連ドキュメントの作成のように、定型フォームに情報を転記する作業はRPAが得意とする業務の1つなので、官公署への提出文書作成などに、今後利用が広がるかもしれません。

また、企業内のイントラネットサイトに掲載された情報を収集する事例も見受けられますが、イントラサイトに大量の情報を掲載している大企業ならではの利用方法といえるでしょう。

◎作業類型と適用業務による導入事例の分類◎

部門	作業類型			適用業務
	転記型	チェック型	レポート型	
営業	○			自社の情報を複数のWeb媒体に一括掲載
営業	○			ECサイト、メールからの受注データを社内システムに入力
営業	○			SFA、CRMなどの複数システムのデータの同期
営業		○		Webサイト上のFAX番号を収集し、FAXで広告配信
営業		○		企業名をキーワードにFacebookアカウントを収集
営業		○		都道府県別のリストのダウンロードと統合
営業		○		競合企業のWebサイトから価格・在庫状況をダウンロード
営業		○		複数のWeb媒体から条件付きで全件抽出
営業		○		Webサイトの企業情報を抽出してテレアポリスト作成
営業		○		Webサイトを常時監視して、新規情報がアップされるとアラート通知
営業			○	指示書の住所から地図サイトを検索し、地図を添付して指示書をメール送信
営業			○	各支店の売上データを社内システムから収集して、月次報告書を作成
営業			○	競合企業の決算情報を収集してレポート作成
マーケティング		○		SNSサイトへのログイン、記事投稿、削除
マーケティング		○		サイト登録者へDMを自動生成・配信
マーケティング		○		セミナー情報ページの自動公開と閉鎖
マーケティング		○		Webサイトのリンク切れチェック
マーケティング		○		複数のWebサイトで自社製品の価格をチェックして値崩れ防止
マーケティング		○		複数の口コミサイトから自社商品の口コミ情報を収集
総務・経営企画	○			イントラサイトの情報を収集し、外部サイトへデータ入力
総務・経営企画		○		低価格の航空券を大量購入
総務・経営企画			○	稟議決裁条件をチェックし、期限が来るとアラート通知
人事	○			勤怠管理システムの残業データを監視して、異常をアラート通知
人事	○			求人媒体登録者にスカウトメールを自動送信
人事		○		部署別残業時間の管理者向けレポート作成
総務		○		輸出関連ドキュメントの作成
経理		○		販売データから請求書を作成
経理		○		インターネットバンキングから入金明細を取得し、入金の消し込み
経理		○		交通費精算で提出されたルートと金額の乗換案内サイトでのチェック
購買		○		複数のオークションサイトから最安商品を落札
IT管理/開発	○			システムのデータ移行作業
IT管理/開発		○		システムの負荷テスト、コンテンツチェック
IT管理/開発		○		複数システムの監視とアラート通知

COLUMN

こんなところにもロボットが

　システムの負荷テストのように同じ作業を繰り返すのはロボットの強みですが、ＲＰＡツールの開発ベンダーのなかには、自社のＲＰＡツールのテストにロボットを活用している会社もありました。今後、ロボットが進化すると、ロボットをつくるロボットが出現するかもしれませんね!?

3 事例による人間関与のパターン

ロボット任せにしないほうがよい場合も

　ＲＰＡには、人間のかかわり程度によって「**全自動型**」と「**半自動型**」がありますが、これまで人間が作業していた仕事をすべてロボットに任せる「全自動型」をめざすだけではなく、場合によっては人間が途中で関与する「半自動型」がよいケースもあります。

　導入事例を分析すると、半自動型には以下のようなケースで人間が関与するパターンが見られます。

●半自動型①…リスク回避

　全自動でロボットが作業するとリスクが高くなる場合に、人間がチェックすることでリスクを回避するパターンです。発注処理や顧客へのレポート提出など、社外へメールやドキュメントを送付する際に、人間がチェックしてから送付するケースが多く見られます。

　また、複数のロボットが連携して作業するケースでは、途中で人間がチェックすることで、エラー発生時の影響を少なくする事例も、このタイプに該当します。

●半自動型②…開発コスト・時間のセーブ

　処理結果によって次の処理がいくつかのパターンに分かれる場合や条件分岐が多い場合など、ロボットの作業内容が複雑になることでロボット開発の難易度が上がり、開発コストや時間がかかるのを防ぐために人間が関与するタイプです。

●半自動型③…システム制約

　ＲＰＡツールによっては、作業できる環境や対応アプリケーションなどに制約があるため、人間が関与するタイプです。制約となる作業の発生頻度がそれほど多くないのであれば、無理にワンランク上のＲＰＡツールを選択したり、外部を利用してロボット開発を行なうより、人間が対応するほうが安全で確実です。

◎全自動型と半自動型のしくみ◎

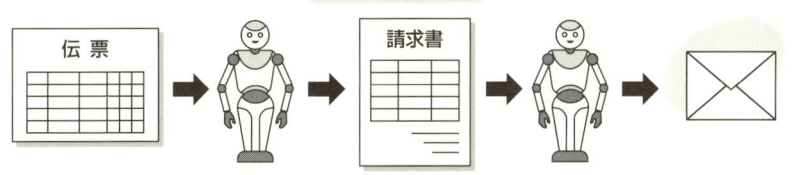

全 自 動 型

ロボットが一連の業務をすべて作業します。

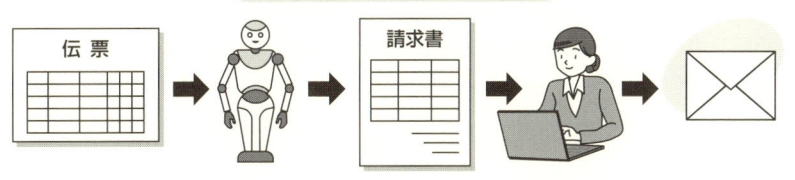

半自動型①…リスク回避

人間がチェックすることでリスクを低減させます。

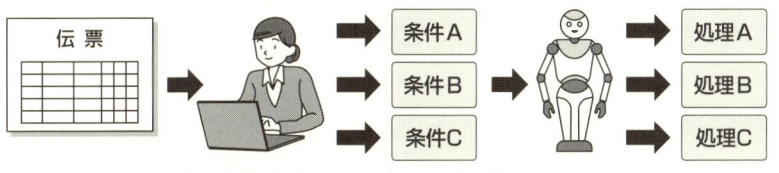

半自動型② 開発コスト・時間セーブ

複雑な判断や処理を人間が代替することで
開発コストと時間をセーブします。

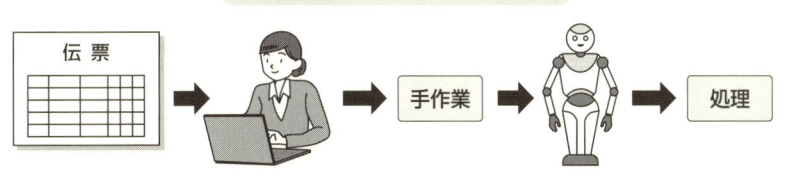

半自動型③ システム制約

ロボットが苦手な処理を人間が代行します。

4 社内と社外のＲＰＡ導入体制

導入時は社外の関係者をうまく活用する

　ＲＰＡの導入を成功させるポイントの１つは、**導入後の体制を自社内で構築する**ことですが、導入に成功した企業の多くが、導入時には社外の関係者の協力を得て、社内に不足している知識やノウハウをうまく吸収しています。

●社内…導入後の運用を想定して体制を構築する

　ＲＰＡの導入時は、経営企画部門やＩＴ管理部門が中心となってプロジェクトチームを構成することが多いですが、導入段階で将来的にＲＰＡの管理やロボット開発を行なう運用担当者を決めておきます。

　117ページで見たように、社内のロボット開発体制は「現場主導型」と「専門部隊型」がありますが、いずれの場合でも導入後の運用を見越して知見を蓄えた企業がＲＰＡを有効活用しています。

●社外…自社の要員、スキルレベルに合わせて相手を選定する

　2018年から、ＲＰＡツールは機能や環境の違いなどでさまざまな製品が登場しており、自社に合った製品を見つけるのも大変です。

　100ページで見たように、ＲＰＡ導入時の外部ベンダーは大きく分けてツールベンダーと販売代理店が考えられます。

　導入事例では、特徴を見極めて自社に合ったツールを選定できるユーザーはツールベンダーを選択することが多いようです。

　一方、自社で選定がむずかしい場合は、複数の製品を扱う販売代理店のほかに、コンサルティング会社を活用している事例も数多くありました。

　最近では、中小企業でもＲＰＡの導入が進んでいるため、中小企業診断士やＩＴコーディネータがユーザー企業の立場で製品を選定し、ＲＰＡ導入を支援するケースも現われています。

◎外部ベンダーとの上手な付き合い方①◎

導入時

外部ベンダーから
ノウハウを吸収

導入後

自社でロボットを開発

◎外部ベンダーとの上手な付き合い方②◎

自社にふさわしい製品が
よくわからない場合

コンサルティング会社や
中小企業診断士などを活用

　また、コンサルティング会社や中小企業診断士などは、業務分析や業務改善に精通しているので、ＲＰＡツール導入前の業務の見直しについても貴重な助言をもらうことができます。

5 ＲＰＡの全社展開と運用

全社展開時のポイントはロボット開発の体制と統制

　ＲＰＡ導入に成功した企業が、全社展開時に注意しているポイントは、全社でロボットを開発する体制づくりと、開発したロボットの統制・管理です。

　自社やグループ企業などでロボット開発を内製している企業が、全社展開とその後の運用に成功していることが多いようです。

　その際に、ロボット開発を現場に任せきりにしてしまうと、思わぬトラブルが発生したり、担当者の異動などでロボット開発そのものが中断するケースもあります。全社でロボットを管理する部門や担当者を決めたうえで管理・統制することにより、導入効果を高めることができます。

ロボット開発者をいかに養成するか

　社内のＩＴ管理部門やグループのＩＴ企業がロボット開発を担当する場合は、ＩＴやプログラミングの基礎知識があるため、ロボット開発者の養成は比較的スムーズに進みます。

　一方、現場の業務部門中心でロボット開発を進める場合は、**ツールの選定と教育**がポイントです。ＩＴの知識があまり必要でないＲＰＡツールを選んだうえで、ＲＰＡツールを使ってロボットが開発できる社員を養成することで、ロボットを全社に展開します。

　ＲＰＡツールを販売しているベンダーのなかには、導入時の技術支援だけでなく、ＲＰＡツールの使い方や業務の選び方、業務分析・設計の方法など、ＲＰＡを活用する際に必要な基礎知識の教育コースをつくっている会社もあります。

　外部ベンダーを利用する際は、このような教育の有無やカリキュラム内容を確認して選ぶことで、自社内でＲＰＡを活用する体制をうまく構築している企業もあります。

◎ＲＰＡの全社導入にはロボット開発者の養成が重要◎

ロボット開発者が少ないと
現場からの要望に
対応できないことも

外部ベンダーも活用して
ロボット開発者を養成して対応

COLUMN

派遣会社とＲＰＡ

　現場でロボットを開発する体制を構築することが重要といっても、スキルの有無や業務量などから、うまく進まないケースもよく見られます。

　そのような場合に味方となってくれるのが、株式会社パソナが行なっている「ＲＰＡエキスパート派遣」です。

　パソナでは、自社に登録したスタッフに対してＲＰＡを習得できる「ＲＰＡエキスパート育成講座」を実施し、講座修了受講者を「ＲＰＡエキスパートスタッフ」として登録しています。これまで、約800人が講座を受講しており（2018年6月現在）、2020年には1万人をめざしているとのことです。

　また、パーソルテンプスタッフ株式会社とパーソルプロセス＆テクノロジー株式会社も、ＲＰＡ専門の人材を育成・派遣する新サービス「ＲＰＡアソシエイツ」を2018年7月から開始しました。

　自社でもＲＰＡを活用しているこれらの会社のノウハウを伝授されたスタッフは、従来の派遣により業務にも精通しているので、ロボット開発の貴重な戦力として活用できるかもしれません。

1 日本紙パルプ商事株式会社
（導入製品：WinActor）

従業員の負荷軽減がＲＰＡ導入のきっかけ

　日本紙パルプ商事では、2017年11月からＲＰＡ導入の検討を開始しました。

　検討を開始するきっかけは、機能材二部で行なっている受発注業務が、他の部署に比べて入力項目が多いことと、サプライヤーごとに発注書等のフォーマットも多岐にわたっているため、Excelでの手作業が多くなり、現場の業務担当者に負荷がかかっていたことでした。

　80〜100件／月の受発注に対して、納期や納入場所などが受注後に変更されることも数多く、変更が発生するごとに複数の取引先に対して発注書等を送付する作業は、業務担当者も神経を使います。ミスをすれば売上に影響を及ぼすリスクもあるので、取扱高が増えて業務量が増加すればするほど、対策が求められるようになりました。

事前の業務分析によりＲＰＡを短期で導入

　当初は、エントリー系の効率化のために「ＡＩ　ＯＣＲ」を利用したサブシステムの検討からスタートしました。

　検討を進めていくうちに、サプライヤー向けの書類作成やメールのやり取りなどで手間のかかる作業が残ることが判明しました。検討の結果、サプライヤーごとに作業がパターン化されることがわかり、ＲＰＡを活用することで業務をサポートすることに決定しました。

　ロボットの開発は１〜２週間、全体で１か月程度の期間でＲＰＡを導入しましたが、事前にＡＩ　ＯＣＲ導入とサブシステム開発で業務を分析していたことで、ＲＰＡ導入は比較的スムーズに完了しています。

◎【体制】ＲＰＡ推進室が社内のロボット開発を推進◎

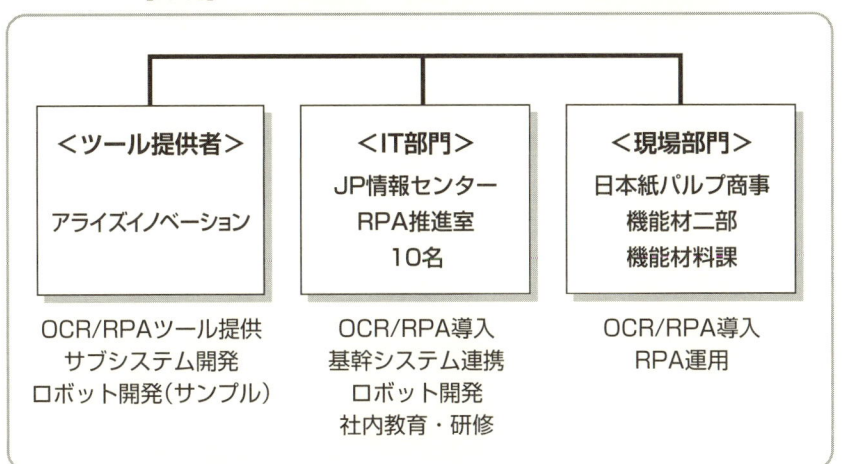

◎【業務手順のBefore ／ After】
　　人間が確認してメール送信（半自動型）◎

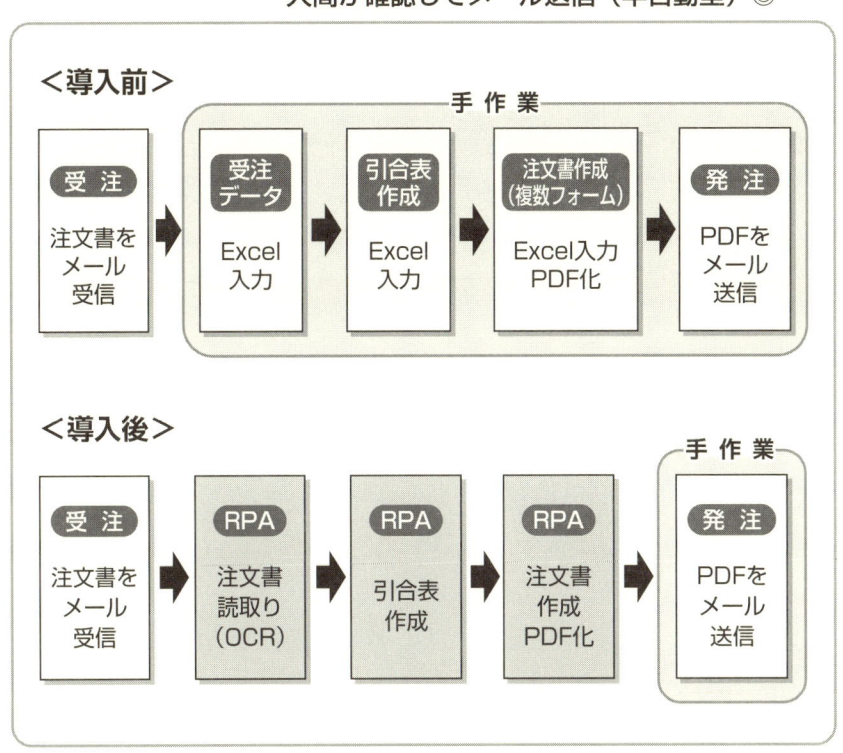

よかった点	ＩＴ部門	●パソコン操作がすべて自動化できるので非常に有効なツール
	現場部門	●業務時間やミスが減ったので担当者の精神的負担が軽減できた ●ＲＰＡが話題になっているので、自社で導入したことを話すと、営業ツールとして利用できる ●業務の引継ぎがシンプルになった
苦労した点	ＩＴ部門	●パソコンのスペックによって処理時間が異なり、待ち時間の調整が必要だった ●画像がうまく認識できず、調整が必要だった
	現場部門	●お客様が注文書のフォーマットを変更したため、作業がやり直しに

運用するまでにセミナーや導入事例で社内を啓蒙

　日本紙パルプ商事では、ＲＰＡ導入による業務効率アップの効果が確認できたことから、全社導入を進めています。ＪＰ情報センターのＲＰＡ推進室が中心となって、ＲＰＡのよさや効果を社内に周知するためにセミナーを開催し、機能材二部をはじめとした導入事例を社内に公開することで、業務担当者が適用業務をイメージしやすい環境をつくっています。

　ＲＰＡを実際に導入する際には、業務担当者の思い違いやモレを防ぐために、担当者の作業内容を動画で記録したうえで業務フローを作成し、シナリオ作成に進むという工夫をしています。

　また、全社のロボットを管理する際には、プログラムと同様にリビジョンと導入端末を管理し、ロボットを実行する際には、パスワードで権限を制限するなど、開発されたロボットが意図しない動きをしないように注意しています。

今後はRPAとAI OCR、超高速開発ツールの活用を

　機能材二部の事例では、ＡＩ　ＯＣＲとＲＰＡを組み合わせて入力業務の自動化を図りましたが、同じようなExcelを利用した書類作成や基幹システムの入力など、手作業で行なっている作業をＲＰＡを使って効率化を進めています。

　営業部門だけでなく管理部門の業務にも広がっており、現在30～40ほどの導入計画があります。

　また、サブシステム開発時に利用した超高速開発ツールやＡＩ　ＯＣＲとＲＰＡを組み合わせて、短期間で業務を自動化できるようなしくみを構築していく予定です。

【会社概要】（2018年3月31日現在）

会社名	日本紙パルプ商事株式会社		
本社所在地	東京都中央区勝どき三丁目12番1号 フォアフロントタワー		
資本金	166億4,892万円	従業員数	連結 3,692名 単体 709名
事業内容	●紙、パルプ、古紙の売買および輸出入 ●包装材料の売買および輸出入 ●燃料類の売買および輸出入 ほか		
ＵＲＬ	https://www.kamipa.co.jp/		

【話をうかがった方】（順不同、敬称略）

日本紙パルプ商事株式会社　機能材・情報用紙営業本部 機能材二部 機能材料課　課長　石川 信彦／比留間 量／墨 由加里
株式会社ＪＰ情報センター　ソリューション事業本部 ソリューション開発部 ソリューション1課　課長　新井 康徳
アライズイノベーション株式会社　代表取締役ＣＥＯ　岩澤 仁

2 パーソルテンプスタッフ株式会社
（導入製品：UiPath、WinActor）

業務を２パターンに分けてRPAを導入

　パーソルテンプスタッフでは、労働集約型ビジネスモデルからの転換、事業転換のスピードアップ、テクノロジーを活用した構造改革などを実現するために、2017年２月にＲＰＡ導入の検討を開始しました。

　ポイントは、既存業務をロボットに置き換えてクイックに効果を確認するパイロット導入（ＰＯＣ）案件と、業務プロセス改善（ＢＰＲ）とセットにして長期間にわたって効果の検証を行なう案件の２パターンに分けることで、費用対効果の議論が長引くことを解消しました。

本格導入までにトラブルを経験してノウハウを蓄積

　稟議決裁から２か月間で業務を絞り込み、2017年５月のＲＰＡ推進室設立と同時期に、コンサルティングファームと契約しました。

　契約の目的は、ＲＰＡに対する知見の獲得とＲＰＡツールの選定から、要件定義のドキュメント化などの短期的な支援を受けることでした。ロボット開発は、パーソルプロセス＆テクノロジー株式会社から支援を受け、早期にＲＰＡの体制とノウハウを構築することをめざしました。

　クイック検証業務は３案件に絞り込み、ロボット開発を進めましたが、ＰＣの解像度の違いによる画像認証時の位置ずれや、人間よりもロボットの処理スピードが速すぎることによるエラーやトラブルなど、当初はさまざまな課題に直面しました。

　導入当初にさまざまなトラブルを経験し、対応マニュアルやガイドラインを作成しておくことで、いまでは問題が起きても短期間で対応することができます。こうした対応により、投資回収期間は計画より５か月、前倒しすることができました。

◎ 【体制】小さい組織でクイックスタートを実現◎

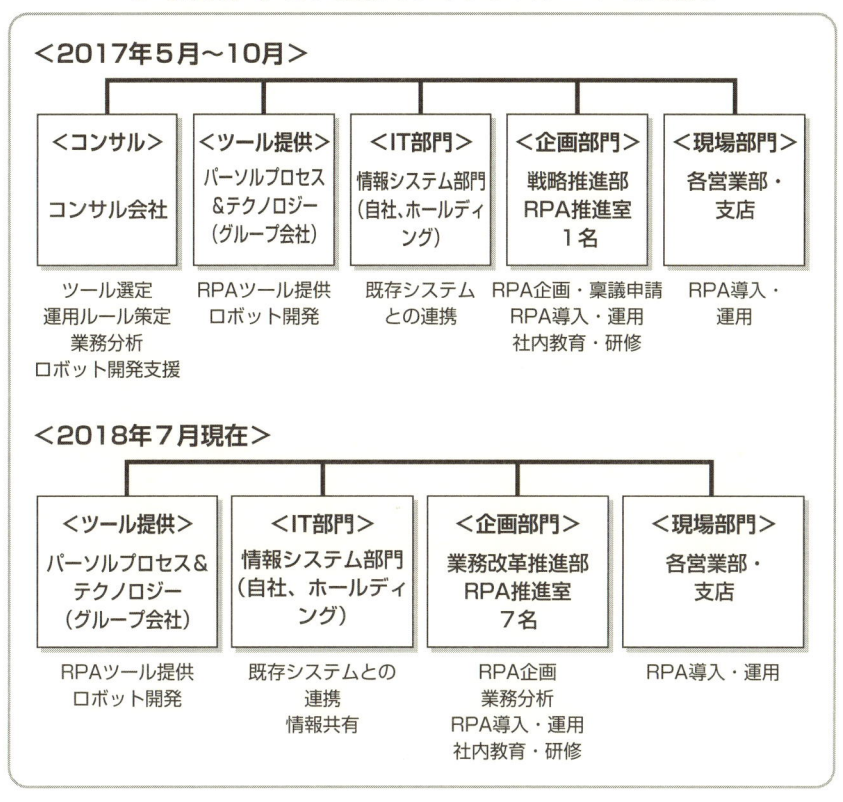

<2017年5月〜10月>

<コンサル>	<ツール提供>	<IT部門>	<企画部門>	<現場部門>
コンサル会社	パーソルプロセス&テクノロジー（グループ会社）	情報システム部門（自社、ホールディング）	戦略推進部 RPA推進室 1名	各営業部・支店
ツール選定 運用ルール策定 業務分析 ロボット開発支援	RPAツール提供 ロボット開発	既存システムとの連携	RPA企画・稟議申請 RPA導入・運用 社内教育・研修	RPA導入・運用

<2018年7月現在>

<ツール提供>	<IT部門>	<企画部門>	<現場部門>
パーソルプロセス&テクノロジー（グループ会社）	情報システム部門（自社、ホールディング）	業務改革推進部 RPA推進室 7名	各営業部・支店
RPAツール提供 ロボット開発	既存システムとの連携 情報共有	RPA企画 業務分析 RPA導入・運用 社内教育・研修	RPA導入・運用

◎ 【業務手順のBefore ／ After】
業務量の多い契約情報の入力業務◎

<導入前>

手 作 業

契約情報 Excel ファイル
更新・解約 → 基幹 システム 入力
2,000件/日

<導入後>

手 作 業

契約情報 入力 フォーム
更新・解約 → 契約情報 共通 フォーム
更新・解約

→ RPA 基幹システム入力
1,600件/日

→ 基幹 システム 入力
400件/日

手 作 業

定量面	●派遣契約情報の基幹システム投入作業2,000件／日の80％をRPAで自動処理 ●稟議決裁の導入計画で想定した初年度の経費約1億円に対して、2018年3月までに1.5億円の投資効果を実現。以降は毎年1億円超の効果が積み上がっていく
よかった点	●導入プロセスの可視化を通じて、業務プロセス改善（BPR）が実現できている
苦労した点	●現場で利用していた120パターンほどのExcelファイルを1つのフォームにまとめ、入力データとして利用したが、各現場においてカラムの追加やフィルタをかけるなどが行なわれ、変更不可の運用が徹底されずにエラー処理が頻発した。最後は入力用のアプリをつくって、データ形式の統一を図った ●現場の要望をすべて取り入れると複雑になるため、どこまで取り入れるかを要件定義の段階で整理し、現場に主体的に取り組んでもらうことが重要 ●現場担当者は頻度や回数など、曖昧な表現が多いため、数字で表現することが重要

現場の理解を得るための働きかけとルールづくり

　パーソルテンプスタッフでは、ＲＰＡの導入効果が確認できた2018年１月以降は、ＲＰＡ推進室の要員を増員しながら、デモ動画、キャラバン、アンケートなどで全社にプロモーションしてＲＰＡの導入を進めています。

　2018年６月現在、導入候補案件が80件にものぼっていますが、なかには「人員削減がゴールなのか」というネガティブな意見もあるため、導入効果や目的を理解してもらう活動が必要です。

　また、条件分岐などによりロボットの動作が複雑になるケースは人間が関与したほうがうまくいくため、要件定義をする段階で現場に納得してもらったり、納品の定義をハッキリさせるなど、ドキュ

メント化の徹底と運用基準を明確にするといった工夫をしてきました。

　RPAツールの使い分けに関しては、大量データ等のパフォーマンスが要求される業務はUiPathを使い、現場主導でライトに回す際はWinActorを2つ目のツールとして採用しています。

今後は現場主導の開発体制で導入範囲と部署を拡大

　ロボット開発体制としては、社外のRPAの専門人材だけでなく、社員がロボットを開発する体制を構築しています。RPAの社内研修などで人材を育成することで、社員がロボット開発を行なう内製化を進めており、開発コストの低減やRPAの導入範囲の拡大に加え、社員のキャリアパスにもつながっています。

　今後は、文字認証や音声認識技術との連携も進めていきたいと考えており、まずは文字認証との連携に取り組む予定です。

【会社概要】 (2018年3月31日現在)

会社名	パーソルテンプスタッフ株式会社		
本社所在地	東京都渋谷区代々木2-1-1 新宿マインズタワー		
資本金	2,273百万円	従業員数（連結）	37,812名
事業内容	パーソルグループの「派遣・BPOセグメント」中核会社として、人材派遣、ビジネス プロセス アウトソーシング、官公庁受託事業などのサービスを提供。2017年7月より、テンプスタッフ株式会社からパーソルテンプスタッフ株式会社へ社名変更		
URL	https://www.tempstaff.co.jp/		

【話をうかがった方】 (順不同、敬称略)

パーソルテンプスタッフ株式会社
　業務改革推進本部　本部長　渡部 広和
　業務改革推進本部 業務改革推進部 RPA推進室
　　室長　矢頭 慎太郎

3 片山工業株式会社
（導入製品：Auto ブラウザ名人）

RPA導入のきっかけはQCサークルでの課題分析

　自動車部品の製造販売を行なう片山工業では、ＱＣサークルの改善課題として顧客Ｗｅｂ処理を取り上げたことがきっかけで、ＲＰＡ導入に取り組みました。顧客Ｗｅｂ処理とは、インターネット経由で顧客が開設したウェブサイトにアクセスし、発注情報をダウンロードする作業で、生産管理課が担当しています。当時、生産管理課では以下のような課題がありました。

- 担当者が1人で作業しているため、担当者の休暇で業務がストップし、休日出勤も必要だった
- 取引先ごとにＷｅｂの操作が異なり、操作方法も複雑
- 手作業で時間がかかる

　情報システム課が対策を検討した結果、ＲＰＡツールで解決する方向性となり、数社を比較してユーザックシステム株式会社製「Auto ブラウザ名人」の導入に至りました。

パイロット導入はメーカーの機能改善でトラブル解消

　顧客Ｗｅｂ処理では17社の発注データを処理していましたが、作業量の多い12社の自動化を進めることに決定。処理が複雑な3社のロボット開発をメーカーに依頼し、メーカーの開発したロボットを参考にして残りの9社のロボット開発を実施しました。

　ある会社のサイトでは、処理の途中で新規ウインドウが立ち上がる仕様になっていたため、自動化に失敗するトラブルが発生しましたが、メーカー側の機能改善によって無事解決し、約5か月で12社用のロボット開発が完了しました。

　導入当時は、ロボット稼働後に生産管理課の担当者がデータの確認作業を行なっていましたが、システムの安定稼働が確認されたため確認作業も廃止しています。

◎【体制】情報システム課が全社のロボットを開発・管理◎

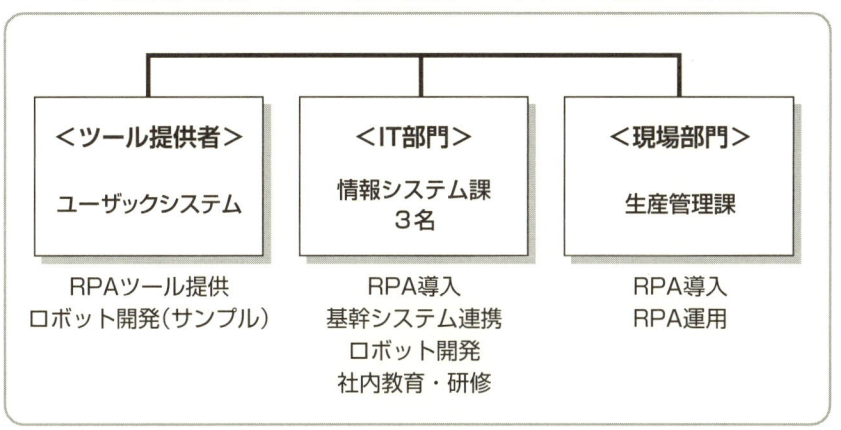

◎【業務手順のBefore ／ After】
　　　　　　　ＲＰＡの導入で手作業を排除◎

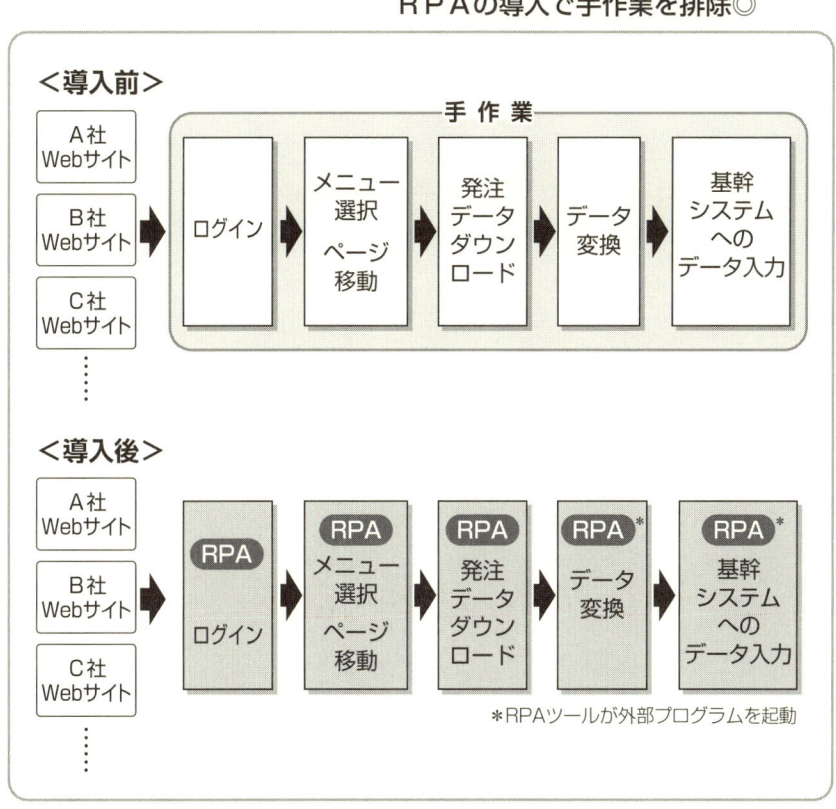

◎【導入効果】自動車メーカーのＱＣサークル大会で入賞◎

定量面	●月間40時間かかっていた顧客Ｗｅｂ処理が2時間に大幅短縮
生産管理課	●異常発生時にはメール送信するしくみも取り入れた完全自動化により、大幅な工数削減のほかに人的ミスもなくなった
情報システム課	●情報システム課の課員教育により、技術が向上した ●課員のモチベーションが高まった ●片山工業の業務ツールとして、ＲＰＡはなくてはならないものになった ●自動車メーカーのグループＱＣサークル大会で入賞できた

インターンシップでもＲＰＡを利用

　片山工業では、顧客Ｗｅｂ処理で業務処理自動化の効果が確認できたため、ＲＰＡの導入を全社に展開してきました。

　情報システム課内では、当初1名だったロボット開発担当者を課内教育で3名に増やし、全社のロボットを開発する体制を整えました。

　また、ロボット開発の技術的な敷居の低さから、インターンシップで来社した学生に体験してもらう教育ツールとしても利用しています。ＲＰＡツールの利用経験のない学生でも、半日の教育の後、導入後の確認や改修を含めて3日程度でロボットを完成させています。

　全社展開に際しては、Ｗｅｂ経由で行なっている業務を中心に洗い出してＲＰＡを行なうのに適している業務から自動化を進めています。

　Ｗｅｂを利用しないＥＤＩ専用アプリの起動・自動化や納品書発行といった営業・製造現場の業務処理のほか、情報システム課で週

に1回実施していたウイルス対策ソフトの管理コンソールの確認作業も自動化を行ない、異常時にメールを送信することで人間が確認する作業を廃止しました。

開発したロボットは、通常のプログラムと同様に管理しています。ロボットはサーバーで稼働しており、アクセス時の権限設定等でセキュリティ対策も行なっていることから、ロボットの管理の負荷もそれほど高くない状況です。

今後はＷｅｂ以外の業務にも拡張を検討

現在導入している「Autoブラウザ名人」は、Ｗｅｂでの作業に特化したＲＰＡツールですが、今後はＷｅｂ以外の業務にも対応したツール「Autoジョブ名人」を導入することで対応業務の拡張を検討しています。

社内では、Excel出力や基幹システムへのデータ入力作業などのルーチン化された手作業の業務が数多く残っており、対応業務の拡張によりデジタルトランスフォーメーションの実現を図っていく計画です。

【会社概要】

会社名	片山工業株式会社		
本社所在地	岡山県井原市西江原町1005-1		
資本金	9,600万円	従業員数	497名 （パートタイマーを含む）
事業内容	各種自動車用部品、農業用機械部品、建築用部品、各種専用機械の製造・販売および輸出入業務		
ＵＲＬ	http://katayamakogyo.jp/		

【話をうかがった方】（敬称略）

片山工業株式会社
　生産管理部　ディビジョンマネージャー　鈴木 則人

4 株式会社アスカコーポレーション
（導入製品：WinActor）

身近な業務の自動化のデモでRPAの効果を実感

　ＲＰＡ導入にいち早く取り組み、「関西ＩＴ百撰」受賞や多くのメディアに取り上げられているのがアスカコーポレーション。主要業務は、医療や科学分野の翻訳サービスを手がける企業です。

　2017年7月に石岡社長がネクストウェア社主催のＲＰＡセミナーに参加したものの、専門用語が多く、かつ自社の業務と関係が薄いためＲＰＡの効果が実感できなかったということです。

　ところが、同社が開発した翻訳業務の自動化ロボットのデモを見たところ、自社の業務での有効性が実感でき、導入に至りました。

　当時、アスカコーポレーションでは、業務拡大に伴って以下のような課題が生まれていました。

●若手中心に社員が増えて、訓練や教育が追いつかない

●仕事は複雑になり、ＩＴ業務も増えて現場の負担が重い

●社員30人で翻訳者・チェッカー400人以上を管理するのが大変

　そこで、ＲＰＡによる業務構造を改革し、課題解消をめざすことにしました。

検討からパイロット導入：RPAを新サービス開発の中心に

　ロボットの開発はネクストウェア社の専門家に任せ、自社のリソースは翻訳に関する業務に集中することで早期導入を実現しました。

　ＲＰＡを単なる業務効率化のツールとしてとらえるのではなく、社内の研究開発体制を強化してＲＰＡを活用した新サービスを開発。営業部と運用を担当する制作部で社内の業務範囲や責任を明確化して、ＲＰＡの導入を進めました。

　その結果、2018年5月にはＲＰＡを活用した自動翻訳サービスをリリース。自動化により、業務品質を確保する取組みやキャパシティ拡大だけではなく、社員の心理的負担も下げることができました。

◎【体制】外部の専門家を活用して、社員は本業に集中◎

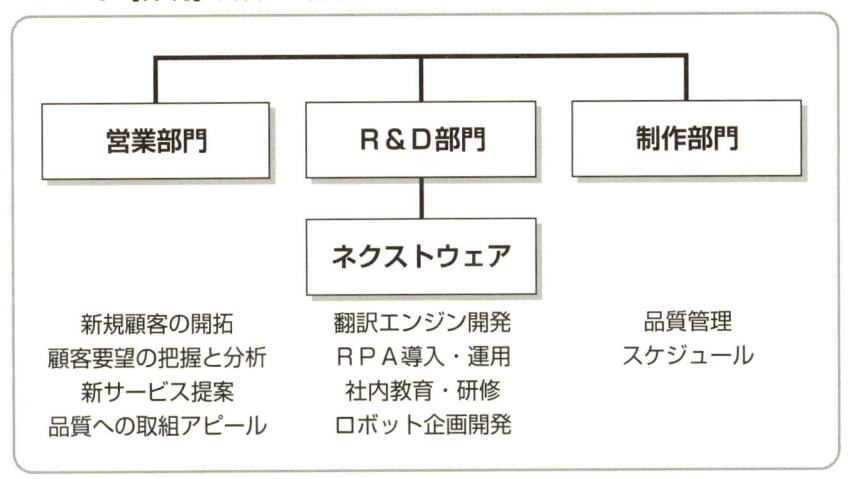

営業部門　　　　　R＆D部門　　　　　制作部門

ネクストウェア

営業部門	R＆D部門	制作部門
新規顧客の開拓 顧客要望の把握と分析 新サービス提案 品質への取組アピール	翻訳エンジン開発 RPA導入・運用 社内教育・研修 ロボット企画開発	品質管理 スケジュール

◎【業務手順のBefore ／ After】
　　　　　人間は最終チェックに集中◎

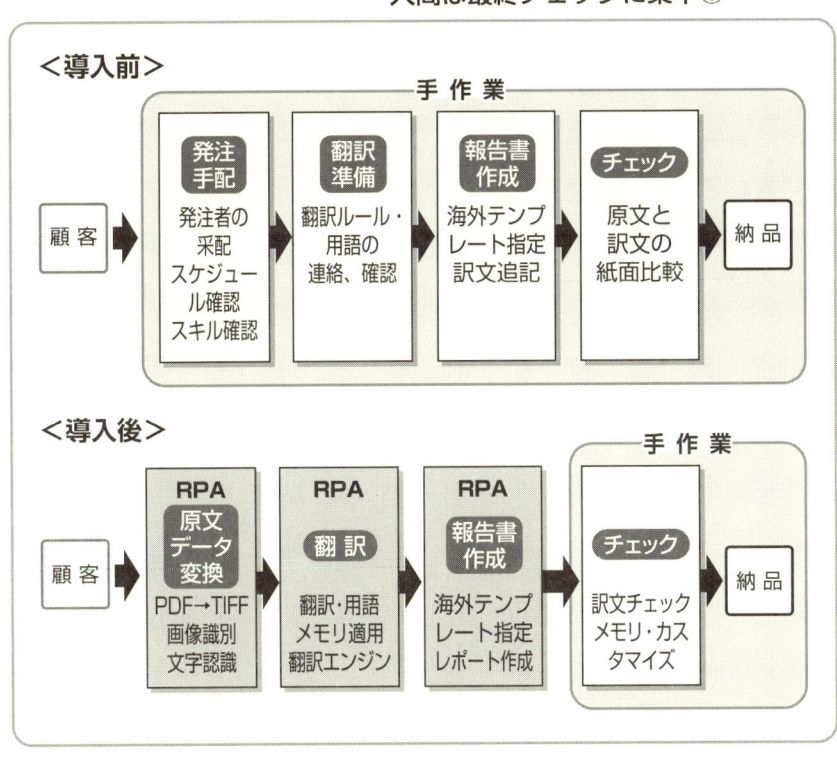

本格導入から運用まで：現場からの開発要望が増加

　ＲＰＡツールの実効性が確認されるに従い、アスカコーポレーションでは、現場からロボット開発要望が増加していきました。

　本業に使えるＲＰＡという理念のもと、基幹システムやファイルサーバーなども分析し、自動化する業務を難易度別に分類。現在は、以下のような業務でもＲＰＡ活用を探っています。

- ●営業が作成する発注リストから翻訳者への発注メール送信
- ●原文ファイルと訳文ファイルを分節レベルで比較したリスト
- ●翻訳作業の準備（関連資料の手配、フォルダーの設定）

ＲＰＡの徹底活用には、高度なロボットの開発と統制が必要

　社内で稼働するロボットの増加とともに、統制や管理の必要性が高まると予想しています。自動翻訳ロボットは、複数のファイル処理を行なう場合には、稼働時間が長くなります。そのため複数のWinActorを管理するWinDirectorの検証を進めています。ファイルの有無や操作記録などをチェックすることで、ロボットの稼働状況や実行結果を管理。負荷調整や中断処理などを行ない、ロボット活用の最適化を図る計画です。

　アスカコーポレーションは業務特性を徹底的に分析し、ＲＰＡの本業活用を推し進め、新たなサービス開発やロボット活用を推進しています。

　また、業務の進捗に応じて自律行動をする「ロボットリーダー」の導入、ＯＣＲやＡＩなどの周辺技術との連携を進めています。

　世界の医療翻訳スピードを高めて、その認可や治療法が早く伝わり、より多くの人命を守ることによって医療業界に貢献します。

◎【導入効果】導入を契機に「関西IT百撰」最優秀企業を受賞◎

定量面	●POC（概念実証）およびデモンストレーションにて基幹システムへの登録時間は1／10に短縮されたことを確認
業務面	●社員の心理的負担が軽減できた ●現場の業務改革の意識が高まり、新サービスの創出につながる ●医薬翻訳スキルの共有・高度化などにより翻訳技術の高度化が図れる ●対訳表の自動作成や顧客レビュー表などにより業務品質が向上する ●複数アプリケーションの組合せと自動化が可能になり、ビジネス活用用途が広がる
営業・PR面	●RPA導入を含む働き方改革の取組みが評価され、第17回「関西IT百撰」最優秀企業を受賞 ●営業マンが動画でRPAを紹介することで、新規性をアピール

【会社概要】

会社名	株式会社アスカコーポレーション		
本社所在地	大阪府大阪市中央区平野町1-8-13 平野町八千代ビル9F		
資本金	3,000万円	従業員数	37名
事業内容	医薬・科学分野の翻訳／英文校正／テープ起こし／メディカルライティング／企画・編集／通訳		
URL	http://www.asca-co.com/		

【話をうかがった方】（順不同、敬称略）

株式会社アスカコーポレーション 　代表取締役　石岡 映子
ネクストウェア株式会社　安冨 良

RPAとセキュリティ

　これまで、RPA自体が原因となってセキュリティ侵害が発生したという事例は報告されていません。

　では、RPA導入にあたってセキュリティ対策は必要ないのでしょうか?

　答えは、YES&NOです。

　RPAツール自体にはデータを保有しないため、万が一、RPAツールがハッキングされたとしても、それだけでは企業にリスクをもたらすことはないかもしれません。

　しかし、RPAの動作を監視していなければ、RPAツールの設定が変更され、予期しない社外の宛先にメールを送信したり、想定外のデータを取得するような侵害に気づかないことが想定されます。

　RPAは、これまで人間が行なっていた作業をロボットに行なわせるツールですから、人間が作業する際と同様、アクセス権限の設定や監視を行なわなければ、セキュリティリスクが発生する点では同じことがいえます。

　また、誰にも管理されない、いわゆる"野良ロボット"によるセキュリティリスクについては、稼働場所や作業内容、バージョンの管理を行なうことが重要なのは、従来のプログラムを管理することと同様です。

　現在のRPAは、自己完結型で自ら判断して作業することはありませんので、従来の人間の作業と同様のアクセス管理を行ない、個々のロボットをプログラムの一種として管理することがセキュリティ対策上重要です。

5章

RPAの将来は
どうなっていくか

Robotic
Process
Automation

執筆 ◎ 神谷 俊彦

1 IoTの動向とRPAとの関係

そもそもIoTとは何か

いまや「IoT」(Internet of Things) という言葉は氾濫しており、企業の生産性向上に貢献しているものとして認識されています。

しかし、そのように認識されているのはまだ少数派であり、中小企業の経営者や幹部の人たちはIoTをどのようにとらえればいいのか当惑しているのが現状です。その主な原因は、右ページ図のような概念図から理解することができるでしょう。

つまりIoTは、時には通信機能を持つセンサーのことであり、またAIや通信技術のことでもあり、そしてそれを取り巻く社会全体のことさえ指していることがあるのです。それらを整理して理解したうえで、IoTを企業に取り込んでいくことがこれからの経営のカギとなります。

IoT社会にRPAは欠かせない

IoTが、右ページ図のようなスキームを通じて、これからも社会を変えていくことは間違いありません。

RPAとIoTは、そもそも導入目的も対象とする業務も違っているので、直接的な関連はないようにみえます。

しかし、IoT社会のなかではRPAの必要性は増えていくと考えられています。というのは、IoTの世界が成立するためには、**必ず人間が関与しなければならない現実がある**からです。

大量に発生したデータをどう情報化するのか、得られた情報をどのように人間の役に立つ動きに結びつけるかなどについては、すべてコンピュータ化することはできないため、定型的・非定型的な人間の関与が必要になります。

すなわち、システムとシステムを人間の役に立つように結びつけることをRPA機能に依存する可能性が高まるわけです。

◎IoT技術のスキーム◎

政府は、データを集めてからその効果が出るまでの循環社会を「IoT社会」と称して、日本全体のめざすべき目標としている。

大容量通信

データ ⇒ 情報

ビッグデータ解析

IoT

データ収集

IoT社会

情報評価

AI・アプリ

行動を起こす（促す）

表示装置、ロボット

RPAはIoT社会を支えるツール

IoTの世界をRPAの周辺技術ととらえるよりも、**IoTの世界の完成に重要な役割を果たすのがRPAである**というほうが正確かもしれません。

IoTが、PDCAサイクル（Plan – Do – Check – Action）を回して社会のなかに浸透してくるとき、RPAにより自動的にデータを取り込むことができると、IoTの浸透は加速します。IoTとRPAは、相互に好影響を与えて業務の効率化に寄与していくことでしょう。

2 ｜ 人工知能（ＡＩ）の動向とＲＰＡ

ＲＰＡはＡＩと同じ存在か？

現在の「**人工知能**」（Artificial Intelligence：以下「**ＡＩ**」）の活躍は、説明する必要もないくらい身近になっています。

このＡＩの有用性と現実社会への広がりの解説は本題ではないため省略しますが、ＡＩの重要な機能は「**区別できる**」ことであるといわれています。ＡＩは、コンピュータの発達で学習機能を発揮するようになって、いろいろな区別をもとに判断を任せる存在になってきたということです。

ＲＰＡは、よくＡＩと同様に "人間から仕事を奪っていく存在" だといわれています。

これは、まるでＲＰＡはＡＩと同じような高い地位にいるように見えますが、実際には技術の深みや応用範囲の広さではＡＩのほうが圧倒的に大きな存在であり、ＲＰＡの未来を支える技術はＡＩの力だと考える必要があります（この点については、170ページ以下で解説します）。

ＡＩ技術の導入は欠かせない

ＡＩとＲＰＡの密接な関係性について見ておきましょう。

現在のところ、もっとも典型的な事例は「**文字の自動認識機能**」です。ＯＣＲ技術を高機能化させるものになります。

文字を読み取って、Excelなどにデータとして打ち込む機能は、オプション機能になっていることが多くありました。手作業をなくすためには、これは必須機能といっていいでしょう。

手書き文字を認識するためには、ＡＩ技術の導入は欠かせないはず、と誰でも想像できるでしょうが、ワープロなどで印刷された文字の識別率を高めるためにも、ＡＩを搭載しないと効率を上げることはできません。

◎ＡＩの活躍事例◎

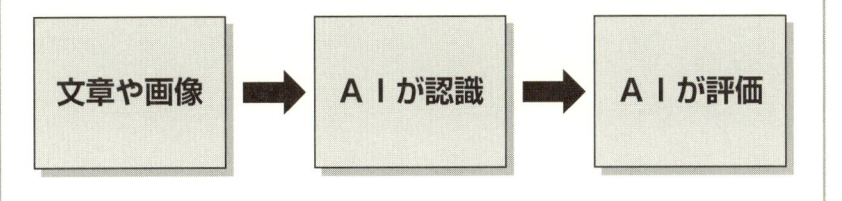

- ●音声会話……Siri（iPhone）、Google Home
- ●チャット……ヤマトのサービス（LINE上での再配達依頼）など
- ●画像分析……Googleフォト、自動分類、年齢推定
- ●リコメンド…好みのニュースや服などを推薦してくれる

ゲーム、翻訳、ロボットなどの世界では身近な存在に！

文章や画像 ➡ ＡＩが認識 ➡ ＡＩが評価

RPAの浸透にはまだ時間を要する

　ＲＰＡにやってほしい仕事は多々あるわけですが、現実には、そのほとんどにおいて人間の判断が介在しない作業、すなわちロボットに単純に置き換えられる作業はありません。

　仮に、画像認識、音声認識、文字認識の世界がＡＩによって99％の成功率をおさめたとしても、人間による最終確認が消えるとは考えにくいのです。

　このような事情から、人間のインプット作業を駆逐するには、ＡＩ機能を搭載しないと成り立たないわけで、ＲＰＡが十分に機能するためには、まだ相当な時間が必要といわれています。

3 クラウドの進展とＲＰＡとの関係

クラウドは超速のスピードで浸透している

　企業がＩＴ化を推進することによって、**クラウドの活用**はどんどん進化しています。

　クラウドの概念がいつ始まったかという議論は別にして、クラウドという言葉が世の中に現われてきて、まだ10年しか経っていないという事実に驚く人もいると思います。

　クラウドを理解していても、その実態を説明できる人は多くはないはずですが、クラウドがこれほどの速度で浸透するとは、専門家でも予想はしていなかったようです。

クラウドとはいったい何か

　「クラウドとはデータセンターである」と説明する人が多くいますが、それは、ネットワークを通じて集められたデータがどこかのデータセンターで処理されていることを指しています。

　クラウドの利用が企業の情報化に貢献している（品質・価格・速度・機能・安全などの面で）以上、クラウドを通してＲＰＡが果たす役割も重要なものとなっていきます。

ＲＰＡの発展にクラウド技術が寄与する

　すでに、ＲＰＡのクラウド版の提供は始まっています。

　たとえば、プラットフォームをクラウド上に持つ形態もありますし（SaaS、PaaS、IaaS）、レンタル形態として、データをもらって結果だけを受け取るというサービスなどもあります。サービス提供の多様化のカギが、クラウドの技術に依存していることは間違いありません。

　ＲＰＡベンダーの競争も始まり、成果事例も報告されていても、ＲＰＡ自体はまだ発展途上です。

　機能面だけでなく、安全性、操作性、拡張性などの解決するべき

「ＲＰＡ」は自社のＰＣ内でロボットを活動させる機能から始まったが、大規模な使用に対応するためにサーバー内に存在させている機種もある。

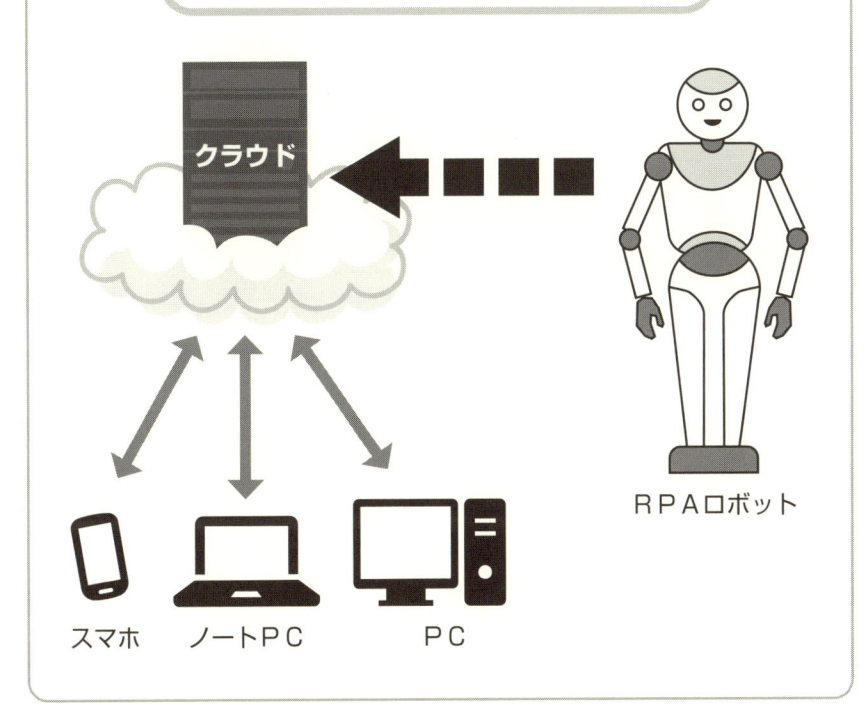

ロボットはクラウドのなかに…

クラウド

ＲＰＡロボット

スマホ　ノートＰＣ　　ＰＣ

課題がまだあるため、どの運用形態・方法が企業の要求にこたえていくかは、これからの技術の進展をにらみながら選択していかなければなりません。

　これらの課題については、今後、年月をかけて解決していくことになるでしょう。

4 ┊ ＰＣ・サーバーの高機能化と ＲＰＡ

作業ロボットはどこに置けばベストか

　ソフトウェア・アプリケーションの機能を活かすためには、それに見合ったハードウェアが必要になります。

　ＲＰＡにとっても、ＰＣやサーバーの選択は重要な問題です。要するに、作業ロボットは「どこにいるのか？」「どこに持っているのがベストなのか？」という問題です。

　ＰＣ１台のなかで動くロボットもありますし、サーバーのなかに機能を持っていて、作成したロボットを管理するといった選択肢があることは、この本の各章でそれぞれ解説しています。

ＰＣやサーバーの高機能化はいまも続いている

　最近は、スマホで用が足りるということで、ＰＣを購入しない人が増えているため、ＰＣの技術的発展が止まっているように感じている人もいるでしょう。

　しかし実際には、ＰＣのスピードや容量の性能向上はまだまだ続いています。典型的な用途としては、ゲームなどのエンターテインメントの世界で求められる高精細で迫力のある画像です。これを実現するには、ＧＰＵ機能を搭載した高性能ＰＣが欠かせません。ＰＣやサーバーの高機能化は、今後も確実に継続していきます。

　ちなみに、「ＧＰＵ」（Graphics Processing Unit）とは、「グラフィックボード」とも呼ばれ、ＣＰＵからグラフィック処理機能を専用で受け持つＣＰＵのことをいいます。

　前述したように、ＡＩ機能を搭載したＲＰＡのロボットを動かすＰＣは高い性能を持っていないと、期待した能力を発揮することはできません。

　サーバーについても、ＰＣの性能と同じで、業務の効率化を果たすためには、ソフトだけでなくふさわしいハードを備えておかない

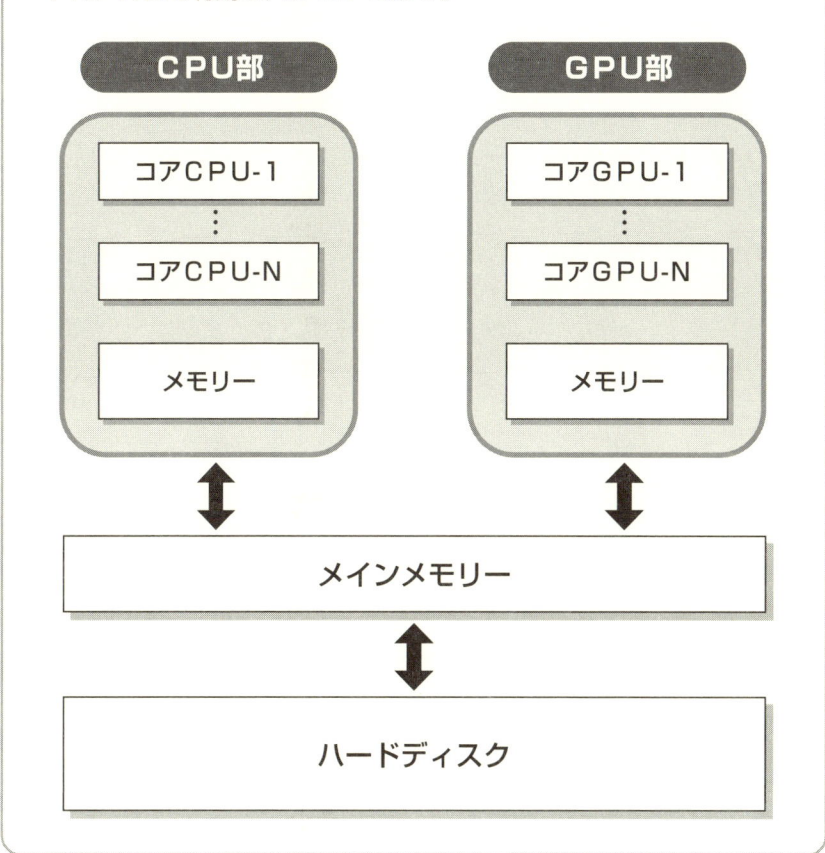

◎GPUパソコンの構成の概念◎

GPUパソコンとは、鮮明な画像を獲得するために画像処理だけをCPUから分離したタイプのパソコンで、CPUタイプに比べて圧倒的に高速演算が可能になる。ゲームの用途に人気があるが、AIやRPAにも有効なパソコンである。

CPU部	GPU部
コアCPU-1	コアGPU-1
⋮	⋮
コアCPU-N	コアGPU-N
メモリー	メモリー

メインメモリー

ハードディスク

といけません。

　高性能PCといっても、現在はハード自体の価格が下がり、通常品（10万円程度）の1.5〜2倍程度で購入できるので、費用対効果に影響を与えるほどのコストをかける必要はありません。

1 研究機関にはどんなところがあるか

情報技術系や経済・経営学の大学などが研究対象に

　現時点で、ＲＰＡに関する研究機関の情報は多くはなく、断片的な新聞・雑誌記事などから推察していくことになります。

　ＲＰＡの場合に限らず一般的には、研究に関することは政府系調査機関、大学・大学院、民間調査機関を確認することになります。

　特徴としては、情報技術系の機関だけでなく、経済学・経営学の大学なども研究対象にしているとみられます。

　研究者として有名なのは、ロンドン・スクール・オブ・エコノミクスのレスリー・ウィルコックス教授です。彼が執筆した書籍は数多く、ＲＰＡのコンセプトを掲げたＲＰＡの第一人者として知られています。

　こうした点からも、情報技術系の大学あるいは経済学・経営学の大学院が、これからもＲＰＡ分野を引っ張っていくだろうと考えられます。

アメリカ、日本の動向と将来

　アメリカでは、ＩＴ関係の研究で有名な大学が関与しているのですが、現在はまだ大きな取り上げられ方はされていません。

　ＡＩ研究では、カーネギーメロン大学（ＣＭＵ）の計算機科学科やマサチューセッツ工科大学（ＭＩＴ）のコンピュータ科学・人工知能研究所などが有名です。

　これらの大学や研究機関がＲＰＡを応用の研究対象として、さらなる発展に関与していくと考えられます。

　一方、日本の大学や公共機関では、実際の組織的成果が出るのはこれからだろうと思われます。

　日本では、実践的な研究機関としては現在、ＲＰＡ事業者として

◎RPA関連の研究テーマの例◎

テーマ分類	内　　容
ハードウェア系	●CPU、メモリーなどのRPA専用設計 ●RPA目的とは限らないが、大容量・高速化・小型化対応
認識系	●AI技術との連携…「自然言語解析」「機械学習」「音声解析」「画像解析」など新たなアルゴリズムや理論面の適応
画像化・抽象化	●コンピュータによる画像化・ビジュアル化 ●作業プロセスの記録と画像化
アルゴリズム	●ロボット構築、ロボット動作解析 ●ロボット操作と業務解析方法、自律システム
コンサルタント	●コンサルタント機能のシステム化
運用維持管理	●トラブル発見、トラブル自己修復 ●システム監視機能
リスク対応	●セキュリティ技術

活動している企業の中心技術者が、主要研究の中心として存在します。

　残念ながら、個々の具体的なテーマや担当者名は公表されていませんし、私たち執筆者がインタビューにうかがっても、企業によって管轄されている部門は一定ではないので、各社の動きが整備されてくるのは2019年以降になるものと考えられます。

2 アメリカはＲＰＡの一番の先進国

■ ＲＰＡのベンチャー企業としてスタート

　アメリカでは、使用事例や採用報告が各社から次々に発表されており、2013、14年あたりから活発化しているようです。

　大学発ベンチャーに勢いがあるのはアメリカの特徴ですが、マイクロソフトなどの大手ＩＴ企業で研究していた技術者が会社を立ち上げている例もあります。

　ベンチャー企業としてスタートしても、短期間で大手の顧客を獲得して、その勢力を世界に向けて拡大しているのもアメリカらしい事例です。

　日本で目立つＲＰＡ技術も、もとをたどれば米国籍の会社発である事例も多いことから、アメリカの勢いを感じ取ることができます。これからも技術開発・応用面などで、アメリカが世界をリードしていく存在であることは間違いありません。

　なお、アメリカの場合は、極端に記録社会の側面があり、安価な労働力を使って大量に単純作業を行なっている事例が多かったことや、インプット業務をシステマチックに実行している環境であったため、ＲＰＡが導入しやすい背景があったといわれています。

■ アメリカにはＲＰＡが普及する背景がある

　アメリカの企業のＲＰＡ導入の目的は、日本の企業と変わることはないのですが、導入にあたって、**リスクについてもしっかりと議論している**ことがうかがえるのが、アメリカの特徴といえます。

　アメリカの場合には、決まった業務に対して雇用するという側面が強いので、余った時間には他のことをさせようというような展開にはなりません。

　またアメリカでは、すぐに配置転換できない労働契約になっています。そこで、ＲＰＡによって仕事が失われた人たちは、失職する

◎アメリカのダイナミズム◎

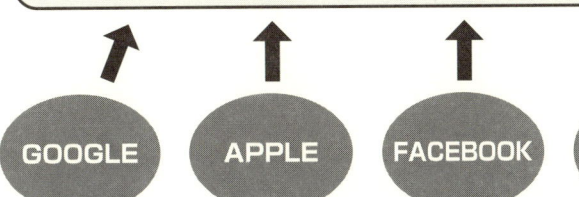

基盤を提供する企業 ＝ ＧＡＦＡ

GOOGLE APPLE FACEBOOK AMAZON

デジタル市場の巨大企業

アメリカのダイナミズムを象徴する
ベンチャー企業

ＲＰＡでも存在感をもって活躍

将来GAFAに加わるような企業が現われるか？

ことになります。

　ヨーロッパもその点は似ているのですが、アメリカの場合、メーカー側がこのような負の側面に配慮したマーケティングを行なっているという点に、アメリカの特徴がよく出ていると思います。

3 ヨーロッパのRPAは あまり進んでいない？

イギリスが一歩リード

　ヨーロッパのRPA事情ということでは、前述のイギリスの研究者ウイルコックス教授によれば、2000年ごろからRPA関連の議論が始められるようになり、RPAという言葉も2012年にイギリスの会社から提唱されているとされています（他の説もあります）。

　このように、ヨーロッパにおけるRPA事業は、開発においても導入事例においても、イギリスがリードをしているのは間違いありません。

　特に、イギリスのBlue Prism社は、近年もビジネスやテクニカルの面で世界的な賞を獲得しており、イギリスやアメリカの大学に教育プログラムを提供するなどしたことにより、高い評価を得てきています。

　イギリス以外の欧州企業も、大きな削減効果を得た事例が注目を集めました。しかし最近では、人間の創造性、生産性を高めるツールとの認識が広まっています。欧州企業は、言語の異なる地域で活動しているため、地域独自のシステムを変更せずに適用できる点が魅力のようです。

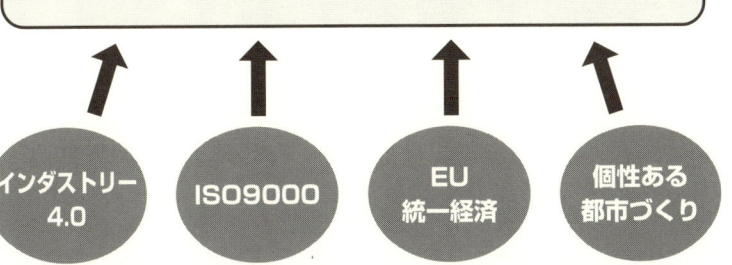

ヨーロッパ発の本質的な基盤を構築する

| インダストリー4.0 | ISO9000 | EU統一経済 | 個性ある都市づくり |

ケルンの大聖堂、サクラダファミリアなど、100年単位でモノを構築していくのがヨーロッパの個性。
新しさの追求のなかにも本質を見失わない姿勢は、RPAに対する取組みにも表われている。

じっくりと長い年月をかけて導入予定

　「RPAは、人間の作業からロボット的な部分を取り除くもの」、「産業革命以来、やっと仕事の楽しさを取り戻すことができる」など、ウイルコックス教授が強調している点を見る限りでは、ヨーロッパでは、RPAによる失業問題の面よりも、未来に役に立つ技術のすそ野を広げ、定着させようという意識が支持されていると感じます。

　物事の本質をとらえて長い年月にわたって色あせないシステムをつくっていく、というのは、ヨーロッパの伝統的な信念といえるかもしれません。

4 アジアではインドと中国の動向に注目

インドと中国にはＲＰＡ進展の素地がある

アジアにおけるＲＰＡに関しては、インドと中国の動きが注目されています。

インドや中国が、伝統的なソフトウェア開発におけるオフショアの基地であったことはよく知られています。

このことの意味は2つあって、1つは、インド・中国ではソフトウェア技術開発における単純労働力を大量に保有しているため、ＲＰＡの台頭は彼らのビジネスモデルに対しての破壊的技術になること、そしてもう1つは、単純作業の提供であったとしても、ソフト開発の生産性を高める技術を開発できる十分な素地が育っていることです。

ＲＰＡ提供のインド企業は日本にも進出

ＲＰＡに関しては、中国よりもインドのほうが先行して浸透しているようにみえます。もともと、インドのＩＴ関係の企業は、英語を武器にして世界的企業との連携が盛んでした。

したがって、先行するＲＰＡ事業者は、インドのソフトウェア産業の中心地として名高い都市であるバンガロールなどにいち早く拠点をもっていて、人材の確保にも熱心です。また、早くからインド企業の大口受注を獲得しているという報告もあります。

さらに、ＲＰＡを提供するインド企業が日本にも進出しているなど、動きははっきりしています。

日本の企業がＲＰＡを中国に晋及

一方の中国企業は、ＩoＴの取り込みには熱心ですが、ＲＰＡに関してはまだそれほどの熱意が現われているようにみえません。

しかし、日本のＲＰＡ事業会社各社は、中国市場の開拓にも力を注いでいますし、現地のセミナー開催では手ごたえもあるようです。

◎存在感高まるインドと中国◎

インド

最先端の研究開発のアウトソーシングにより、現在の発展の基礎力をつけてきた。ソフトウェアに限らず、いろいろな開発オフショア拠点として信頼を獲得しており、RPAにおける存在感があるのもまったく不思議ではない。

中　国

中国の勢いは誰もが理解しているところ。たとえば、バイドゥ、アリババ、テンセントは、アメリカのGAFAに迫る勢いがある。キャッシュレス化やシェアリングエコノミーは世界で一番進んでいる。

　中国ですから、もちろん人材は豊富にあるわけですが、RPAなら「裏切らない」「ごまかさない」という特徴に反応しているのは、中国らしいといえるかもしれません。

　中国は、インドと同様に人材が豊富に存在する国なので、いずれ大きな勢力になるのは間違いないでしょう。

　2018年中には、中国からRPAのビッグニュースが出てきても驚く理由はないと思います。

　なお、アジアにはインド・中国以外にも多くの国があります。各国によって事情が異なっており、総括するのは難しいですが、たとえば日本の各社は、シンガポールにおける活動を活発化させています。

　インド・中国以外のアジア諸国にも巨大企業がありますから、これからは労働コストの上昇がRPA導入の後押しをしていくと考えられます。

1 RPAの技術的な課題とは

技術的な課題にはどんなことがあるか

RPAの技術的な課題についてのとらえ方はいろいろとありますが、下表のように整理して確認したいと思います。

	テーマ	内　容
1	機能の高度化	高速化、多機能化、多言語対応、機能連携など適応できる業務の拡大
2	AIとの融合	意味は1と同じだが、AI技術の取り込みだけは特別に課題にあげる
3	構築のやりやすさ管理のやりやすさ	導入の簡便さ、管理のしやすさ、変更拡張などについて専門家を不要とする技術
4	リスク対応	セキュリティ対策をはじめとするリスクに強いシステムづくり

RPAのめざすべき技術目標については、ロードマップをつくって決定していくのが通常の道筋ですが、めざすところはいくつかあり、1つに定まっていないのが現状です。

たとえば、「将来的には、あらゆる業務にRPAを適用することが目標である」とするケースと、「限られた業務でもいいから、RPAで全自動化したい」という目標とでは、技術的な課題も変わってくるということです。

また、世界中で課題としているのが「**AIとの融合**」であり、AI技術の取り込みは、RPAのメインテーマと考えてもいいくらいです。

RPAを導入しながら課題解決にも注力

RPAは現在、まだ発展途上であり、適用事例も限られているの

- 自分の進むべき道を明確にするためにRPAの「道しるべ」をつくる
- RPAについて、何年後にどのような技術を確立していくのかを明確にする

技術目標の設定例

「定型作業の自動化」⇒「非定型作業の自動化」

非定型的な作業の典型例は、報告書の作成。定期的に作成している場合でも、マニュアル化・フォーマット化するのは困難である。RPAによって自動化を実現したいテーマの１つ。

「高度な自動化の実現」

ＡＩの組み込みが研究の対象であるが、研究とまでいわなくとも、音声でフローを構築できるとか、簡単な指示書で自動的にデータ収集をしてレポートに仕上げてくれるなど、ＲＰＡが秘書のような存在になるのを実現することも期待されている。

で、各企業としては前ページ表の１〜４のどのテーマについても底上げを図っている時期です。

　ある会社の特徴としてあげられているテーマは、別の見方をすれば、他社の弱みであり、各企業の開発課題は山積み状態です。

　ＲＰＡに関する現在のプロジェクトの完成に力を注ぎながら、現在は、前ページ表にあげた課題を丁寧につぶしている状況ということもできます。

2 RPAの適用に限界はあるか

RPAなら何でもできるのか

　RPAの適用について限界があるか・ないかといえば、現在のところ限界が見えてきているわけではありません。

　もちろん、ソフトウェアの世界のことですから、情報量やスピード、機能に関して現実的な限界はありますが、原理的に、ここには使えないといった応用面や、RPA化できない業務など、強固な壁が存在するわけではありません。

　だからこそ、「RPAなら何でもできる！」といった期待が生まれているわけです。

なぜRPAを導入するのか

　RPAに関して、多くの人が指摘しているポイントは、「RPAを導入する企業側の認識（あるいは情報リテラシー）とのバランスを保たなければならない」ということです。

　これは、IT導入においても普通にいわれていることですが、実際に業務を行なっている側が主導してRPAを導入する場合には、特に重要なポイントです。

　ITベンダーやITに精通しないままプロジェクトを起こすリスク、費用対効果の計算をどのように評価するのか、といった点は、特にトラブルを引き起こしやすいといえるでしょう。

　RPAの導入は、全社あげてのプロジェクトをつくって、管理体制をしっかりと構築してから進める必要があります。

導入する際には性急に進めない

　RPAを導入する際は、右ページ図に示したように企業の成熟度の段階によって、感じることや認識することが変わってくることに注意しなければなりません。

　一般的には、RPAについて未経験者しかいないことが多いので、

【RPAの限界とは？】

人間のやりにくいことはRPAもやりにくい、ということ

RPA導入の道

第1段階	… RPAへの期待と不安
↓	
第2段階	… 限定的な導入でノウハウを蓄積
↓	
第3段階	… 活用原則を定めて全社に拡大
↓	
第4段階	… 制度化して企業のイノベーションを実現

　専門家ともよく話し合い、導入する際には取り組みやすい業務から始め、過度な期待も、過度な心配もしないような状態になってから、次のステップに進めることが大切です。

　費用対効果についても、目的とする業務を削減するためにかかる費用を考えると、2〜3年ではペイできていない事例は数多く存在しています。むしろ、削減した業務に要した時間を他のクリエイティブな業務に向けることができて、やっとペイできたという実感がつかめるのも事実です。

　どのように効果を出したらよいのか、目標を定めて導入のプロジェクトを開始すると成功により近づくことができるでしょう。

3 RPAに関する人材育成のしかた

RPA導入に必要な人材とは

　RPAを導入するときの推進担当者などの人材育成については、基本的にIT導入に関する人材育成と考え方は同じです。

　必要となる人材は、次の3種類です。

> ①RPAを使った業務改革を企画できる人材
> ②必要なロボットをつくることができる人材
> ③RPAのシステムを維持・運用できる人材

どのように人材育成を行なうか

　RPAに関する人材育成は、ほかの業務などの人材育成とやり方は変わらず、次のような手段を使って、必ず計画を立てて実行します。

> ●OJT　●OFF-JT　●社内教育　●社外教育
> ●専用人材の招致　●外部委託

　もちろん、RPAを導入する業務の部署だけでなく、関係部署にも教育などが必要になります。

　中小企業では、必要な人材の成長を待つ時間もないので、外部のITベンダーや専門家に委託することから始めるケースが多いと思います。その場合でも、OJTなどの人材育成を同時に進めておく必要があります。

　人材難の中小企業でRPA導入に成功している企業は、社長か役員クラスに必ず理解者が存在しています。

　IT人材であれば、多くの企業ではCIOが担当重役ということ

◎人材育成計画のプロセス◎

第１段階	… 目標の設定と方針の決定
第２段階	… スキルマップの決定、望ましい人材像の作成
第３段階	… 役割分担とスケジュールの決定
第４段階	… 実行管理、ＰＤＣＡサイクルの実践

どんな計画に対しても

具体的な「目標・予算・スケジュール」を

設定すること！

になるケースが多いですが、ＲＰＡについては必ずしもＩＴ部門が主導権を握るわけではないので、営業担当重役がＲＰＡ推進のトップとなって導入したケースもあります。

ＲＰＡを運用する際に忘れてはならないこと

運用に関する留意点として、成功するために有効なのは、削減対象となる業務の担当者と情報を共有することです。

ＲＰＡを正しく理解すれば、必ず企業のためだけでなく、自分個人の業務も楽になるツールだと理解してもらえるはずです。

会社と業務担当者がこの関係を早期に構築できれば、人材育成についての難しい問題の半分以上は解決したといえるでしょう。

4 ┊ キャリアアップとRPA

RPA開発に専門的な経験は必要か

　ＩＴ関連の人材不足は、転職事情に影響を受けてきています。

　日本全体でみると、人材不足になっているわけですが、一般的な事務職などは職を求める人のほうが多いという現実があります。

　そこで、最新のスキルを学んで長く働ける職場を探す人や、キャリアアップを望む人たちに、ＡＩやＲＰＡの基礎を学んでもらい、有利な職探しを支援するサービスが広がっています。

　かつては、ＩＴ企業が採用する人は、プログラミングやシステム構築などの専門的経験を買われて雇われる人がほとんどでした。

　しかし、ＡＩやＲＰＡの開発といった業務については、そういった経験は不要で、基礎知識を備えて訓練を受ければ、戦力として成り立つことが実証されてきています。

RPAにプログラミングの知識は不要

　ＡＩシステム開発やＲＰＡ導入支援には、すべてプログラミングの知識が必要というわけではありません。

　本書でも述べているように、プログラミングの知識が不要なのがＲＰＡの特徴です。

　ということで、実際に総合職であった人が、そういった訓練を受けて技術者として転職した事例も報告されています。

RPAはキャリアを見直す時代にふさわしい技術

　普通の人を育成してから、有利な転職や新天地での活躍を支援するという時代です。

　それも、転職サービス会社だけでなく、人材派遣会社やキャリアアップ会社などサービスを提供する会社は続々と現われています。

　ＡＩやＲＰＡは、即戦力としての結果がわかりやすいため、企業にも求職者にも支持されています。もちろん、独立して自分で仕事

RPAは職を奪う？

No！RPAでキャリアップ可能

基本スキルの受講

（例）6時間の受講費用は約1万円台から。
応用専門コースだと100万円クラスも

スキルを活かした転身の道！

- 開発・構築エンジニア
- 講師・インストラクター
- 営業技術
- 導入サポート
- 維持・管理業務
- 独立創業の道も

を始める創業も可能です。

　RPAは、「人生100年時代になり、定期的に学び直してキャリア
を見直す時代」にふさわしい技術でもあるのです。

5 ＲＰＡの未来はどうなるか

数年後には1,000億円規模の市場に

　来年のこともわからないのに、5年後、10年後の未来を予想するのは簡単なことではありません。でも、ＲＰＡの未来についてちょっと考えてみたいと思います。

　情報ツールとしてのＩＴの過去の変遷をみると、ブームが終われば、役割を果たしたとして忘れ去られるものが多かったことは事実です。

　しかし、ここにＲＰＡに関する1つの見通しがあります。

　2022年までのＲＰＡ世界市場規模は20兆円という報告書が出ているのです。その根拠を信じていいかどうかはわかりませんが、技術が着実に発展し、本当に効果を出せるのであれば、世界的に1兆円クラスの規模になるといわれても、おかしくないと思います。そのときには、日本市場は1,000億円規模の市場になると予測できます。

　このことが現実になるとすれば、ＲＰＡに対してはユーザーからの相当な支持が集まっているはずです。

　現在、手作業にうんざりしている多数の労働者が存在し、自動化するソフトウェアが手ごろな価格で導入できるのであれば、ＲＰＡは必ずこれから支持を広げていくはずです。1,000億円規模の市場になる要素は十分にあるといえるでしょう。

ベンダー側にもユーザー側にもメリットが

　1,000億円規模の市場になると、ベンダー側には技術・開発・営業・サポート・維持など多くの要員が必要になりますし、業務用アプリの開発もあわせて必要となります。

　一方のユーザー側は、ＲＰＡ導入で余った時間を有効に活用すれば、企業業績にも反映できるはずです。ＲＰＡは日本の経済にも好影響を与えてくれる存在になると期待をこめた予測もあります。

◎RPAは課題を乗り越えて「コモディティ化」への道を進む？◎

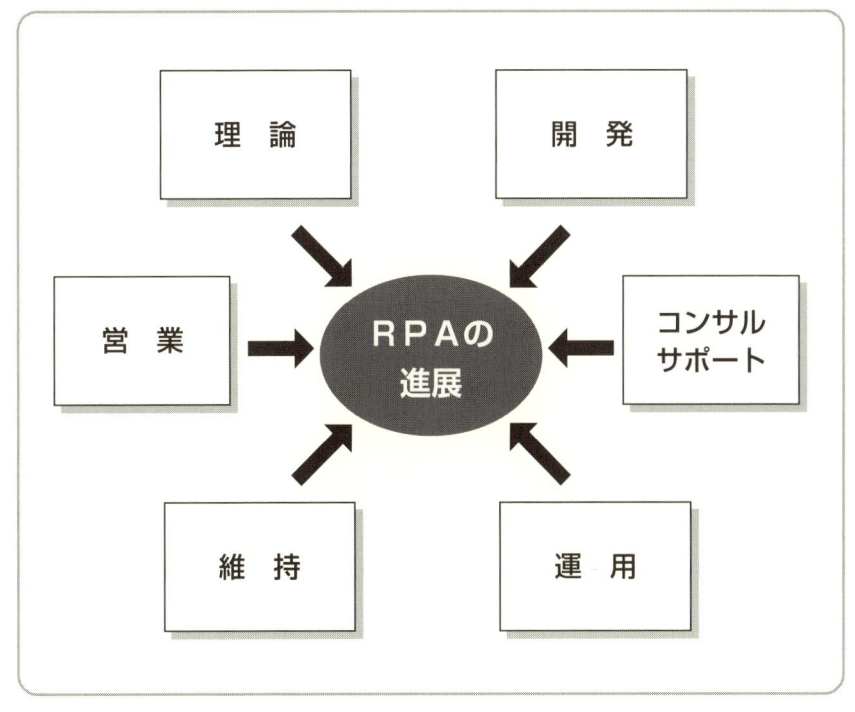

何回か触れてきたように、RPAの歴史は決して浅いものではなく、さまざまな変遷を経て、いまの姿になってきたわけです。

RPAは一過性のブームではなく、2〜3年後には会社の業務に必要なツールとして当たり前のような存在になっていることでしょう。

ＲＰＡのＲはなぜ「ロボット」なのか

ＲＰＡ（Robotic Process Automation）のＲは、もちろん「ロボット」のことですが、一般的に「ロボット」という言葉でイメージされるのは、アニメや映画に登場する人間と同じように考えて動く機械や、大きな工場など無人の環境で機械の腕が動き、製品を組み立てる設備や装置などではないかと思います。

筆者もＲＰＡという言葉を初めて聞いたときには、「ロボット」という表現に違和感を覚えました。

「ソフトウェア」や「プログラム」がなぜロボット？　と思いましたが、初めてＲＰＡが動いているコンピュータの画面を見たときに、なぜ「ロボット」というのかがわかった気がしました。

ＲＰＡのシナリオを実行すると、シナリオに記述された内容に従って自動的にブラウザが起動してウェブページを表示したり、ファイルを開いて値を書き込んだりします。

そのときの動きが、画面上をマウスカーソルが自動的に飛び回り、誰もいないのにあたかも誰かがコンピュータを操作しているように見える、つまり「ロボットが操作している」ような感覚をもったのです。

「ロボット」といわずに、「ソフトウェア」や「プログラム」といってしまうと、むしろ難解なイメージを与えてしまうのかもしれないし、ＡＩ（人工知能）を活用した自律的な自動化も見すえて「ロボット」という言葉を選んだのかもしれません。

とにかく「ロボット」と命名したことで、ＲＰＡは現在の隆盛を引き起こしたといわれています。ＲＰＡの技術にとって、ネーミングが大きな役割を果たしていることは、ビジネスの大きなヒントにもなっています。

おわりに

　2018年５月に、ＲＰＡテクノロジーズ株式会社、株式会社ＷＡＩＡ、株式会社Ｗａｒｉｓ、株式会社ブイキューブが「ＲＰＡ女子プロジェクト」を立ち上げました。

　ＲＰＡを活用したい企業や団体に対して、ＲＰＡスキルを身につけた女性をマッチングすることで、子育て・家族の転勤・介護等の家庭の事情で離職した女性の復職を支援するプロジェクトです。

　パソナ・パーソルテンプスタッフなども、いち早くＲＰＡを女性の活躍の場ととらえて企業活動を行なっています。

　本書では、ＲＰＡが導く社会的変革にまでは考察が及んでいませんが、広がりという面では、単なる業務改革に終わらない可能性は十分にあると思いますし、そうなるようにわれわれ執筆者一同も支援していきたいと思います。

　最後に、出版にあたり大いなるご支援をいただいたＲＰＡベンダー各社、ユーザー企業の皆さま、そして、執筆の機会をいただき多大なアドバイスをいただいた中小企業診断士の六角明雄先生、アニモ出版の小林良彦さん、および本書の製作に携わったスタッフの皆さまに、この場をお借りして感謝申し上げます。

執筆者一同

【執筆者プロフィール】

神谷俊彦（かみや　としひこ）監修および5章を担当
大阪府出身。大阪大学基礎工学部卒業。中小企業診断士、ITコーディネータ、M＆Aシニアエキスパート。富士フイルム（株）にて技術・マーケティング部門で35年勤務後、独立。現在、（一般社団法人）城西コンサルタントグループ（JCG）会長として、会員とともに中小企業支援を行なっている。得意分野は、ものづくり支援、海外展開支援、IT化支援。
著書に『図解でわかるIoTビジネス　いちばん最初に読む本』『図解でわかる品質管理　いちばん最初に読む本』『図解でわかる購買管理　いちばん最初に読む本』『生産管理の実務と問題解決 徹底ガイド』（以上、アニモ出版）がある。

堀川一（ほりかわ　はじめ）1章を担当
東京都出身、青山学院大学院国際マネジメント研究科修了。中小企業診断士、経営学修士（MBA）、証券アナリスト。大手保険会社にて、法人営業、有価証券部および特別勘定運用部で証券運用業務に従事。法人営業時代に営業局長賞を二度受賞。大手投資顧問会社にてシニアポートフォリオマネジャーとして運用コンサルティングおよびポートフォリオマネジメント業務、金融法人営業、運用リスク管理業務を行なう。
（一般社団法人）城西コンサルタントグループ所属。

湯山恭史（ゆやま　きょうじ）2章を担当
北海道札幌南高校卒業、東京工業大学理学部情報科学科修士課程修了。中小企業診断士、行政書士。株式会社日立製作所に入社し、集積回路の設計自動化、半導体の製造システム構築に従事したのち、全社情報システムの企画業務を経て、鉄道事業部門などで最高情報責任者（CIO）を歴任。現在は、中小の建設会社などで、各種許認可取得やITを活用した業務改善の支援を行なっている。
（一般社団法人）城西コンサルタントグループ、東京都行政書士会所属。

木佐谷康（きさたに　やすし）3章、4章を担当
早稲田高校、上智大学法学部法律学科卒業。中小企業診断士、行政書士、ITコーディネータ。日本ユニシス株式会社、日商エレクトロニクス株式会社などのIT企業で、営業・マーケティング、新規事業開発などの営業関連の幅広い業務に携わる。現在は、自身のネットワークを活かし、IT利活用や補助金・助成金を活用した資金繰り対策など、伴走型の中小企業支援を行なっている。
（一般社団法人）城西コンサルタントグループ、東京都行政書士会所属。

一般社団法人 城西コンサルタントグループ（略称：ＪＣＧ）

国家資格の中小企業診断士を中心とした100余名のコンサルタントが所属している経営コンサルタント集団。2009年に発足し、首都圏を中心に全国のお客様にコンサルタント活動・研修セミナー・各種調査事業を行なっている。会員による個別企業の経営コンサルタントを行なうのはもちろん、企業が抱えるさまざまな課題(売上・利益改善、事業承継など)に対して、多彩な専門分野をもっている会員たちでベストチームを組んで、的確にかつスピーディな診断や助言を行ない、お客様から高い評価をいただいている。

本　　部：東京都新宿区新宿2丁目5-12
　　　　　FORECAST新宿AVENUE　6階
ＵＲＬ：http://jcg-net.com/
mail：　info@jcg-net.com

図解でわかるＲＰＡ　いちばん最初に読む本

2018年9月15日　　初版発行

編著者　神谷俊彦
著　者　堀川一・湯山恭史・木佐谷康
発行者　吉溪慎太郎
発行所　株式会社アニモ出版
　　　　〒162-0832 東京都新宿区岩戸町12 レベッカビル
　　　　TEL 03(5206)8505　FAX 03(6265)0130
　　　　http://www.animo-pub.co.jp/